BASTEI
LÜBBE

Von Michael Mary sind bei Bastei Lübbe Taschenbücher lieferbar:

Über den Autor:

Michael Mary, 1953 geb., ist verheiratet und lebt in der Nähe von Hamburg. Seit 1979 führt er Beratungen und Seminare zum Thema Partnerschaft und Persönlichkeitsentwicklung durch. Weitere Informationen zur Person und seinen Büchern sind auf der Homepage *www.michaelmary.de* zu finden.

Michael Mary

Mythos Liebe

Lügen und Wahrheiten über
Beziehungen und Partnerschaften

BASTEI LÜBBE TASCHENBUCH
Band 26891

Vollständige Taschenbuchausgabe
der im Gustav Lübbe Verlag erschienenen Hardcoverausgabe

Bastei Lübbe Taschenbücher und Gustav Lübbe Verlag
in der Verlagsgruppe Lübbe

© 2004 by Verlagsgruppe Lübbe GmbH & Co. KG,
Bergisch Gladbach
Dieses Werk wurde vermittelt durch die
Literarische Agentur Thomas Schlück GmbH, 30827 Garbsen
Umschlaggestaltung: Nadine Littig
Satz: Bosbach Kommunikation & Design GmbH, Köln
Druck und Verarbeitung: GGP Media GmbH, Pößneck
Printed in Germany, Juli 2008
ISBN: 978-3-404-26891-7

Sie finden uns im Internet unter
www.luebbe.de
Bitte beachten Sie auch: www.lesejury.de

INHALT

VORWORT

Das vorliegende Buch ist das dritte einer Reihe von Büchern, in denen ich mich mit den Themen der »Machbarkeit« und »Planbarkeit« des Lebens befasse.

In *Fünf Lügen die Liebe betreffend* beschrieb ich, weshalb sich menschliche Sexualität nicht zum Mittel dauerhafter Paarbindung funktionalisieren lässt. In *Die Glückslüge* habe ich die Grenzen von Erfolgs-, Reichtums- und Glücksplanungen aufgezeigt. In dem vorliegenden Buch beschreibe ich, weshalb Paarbeziehungen sich bewusster Steuerung entziehen, und schlage eine veränderte Sichtweise auf Liebesbeziehungen vor.

Die Frage danach, ob Menschen ihr Leben entsprechend ihrer Vorstellungen »bewusst« gestalten können, drängt sich heute aus verschiedenen Gründen auf. Eine zunehmende Zahl von Wissenschaftlern, Psychologen und Therapeuten behauptet, das sei möglich. Wie sein Leben aussähe, liege am Einzelnen allein, und deshalb habe es jeder in der Hand, daraus zu machen, was er möchte. Die zu solchen Machbarkeitsversprechen gehörenden Ratschläge und Handlungsstrategien verbreiten diese Experten seit nunmehr rund dreißig Jahren in allen Medien. Parallel dazu wächst die Zahl der »Lebensberater«, einer Spezies von Experten, die vorgibt, andere Menschen das Leben lehren zu können.

Zu dem sich stetig ausbreitenden Machbarkeitsglauben gehört auch die Überzeugung, Beziehungen zwischen Mann und Frau könnten gelenkt werden und die Liebe sei lernbar. Die Versprechungen dieses modernen *Mythos Liebe* erscheinen überaus verlockend: Er bietet Hoffnung auf lebenslange Beziehungen einschließlich umfassender Liebe zu ein und demselben Menschen. Wer wollte das nicht?

Wäre es nicht phantastisch, Paarbeziehungen willentlich gestalten und die Liebe lenken zu können? Nein, ganz und gar nicht, es wäre im Gegenteil fatal! Paarbeziehungen würden ihren Wert verlieren, und die Liebe würde in Vorhersehbarkeit und Langeweile ersticken.

Die Liebe zwischen Mann und Frau erscheint als eines der großen Abenteuer des Lebens. Wäre diese Liebe machbar, wer könnte sich von ihr beschenkt fühlen? Wäre diese Liebe kontrollierbar, wie könnte sie zwei Menschen über deren individuelle Grenzen hinwegheben und miteinander verbinden?

Gelänge es Menschen, die Liebe zu steuern, wäre das Ende der Liebe nahe, davon bin ich überzeugt. Aber das wird nicht passieren. Es wird weder Psychologen noch Wissenschaftlern gelingen, die Liebe dem Verstand gefügig zu machen. Allerdings können sich Menschen beim Versuch, die Liebe zu lenken und ihre Beziehungen zu steuern, viel unnötiges Leid antun.

Ich schlage in diesem Buch eine andere Sichtweise auf Paarbeziehungen vor. Daraus ergibt sich die Möglichkeit, auf Lenkungs- und Steuerungsversuche zu verzichten. Stattdessen werden Partner angeregt, ihre Beziehung zu realisieren, ihren Wert zu erkennen und damit umzugehen. Statt sie gestalten zu wollen, kann man sich mit Beziehungen auseinander setzen und mit ihnen leben. Statt sie lenken zu wollen, kann man der Liebe ihre Geheimnisse lassen. Wenn die Liebe Geheimnis bleiben darf, lohnt es sich auch weiterhin, sie zu leben.

Michael Mary, im August 2004

EINLEITUNG

Viele, wenn nicht die meisten Wissenschaftler, Psychologen und Paartherapeuten glauben heutzutage an so genannte Spielregeln und Gesetze der Liebe. Aufgrund dieser Überzeugung entwickeln sie ausgefeilte Konzepte und Strategien darüber, wie Beziehungen willentlich zu gestalten sind. Zum Aufbau der angestrebten idealen Beziehung wird den Partnern gewissenhafte Beziehungsarbeit und bewusste Pflege ihrer Liebe verordnet. Um dazu in der Lage zu sein, sollen sie sich eine Reihe von Basisfähigkeiten aneignen. Wenn sie dazu bereit sind und die entsprechenden Ratschläge und Handlungsanweisungen der Experten befolgen, würde, so wird ihnen in Aussicht gestellt, ihre Liebe lebenslang erhalten bleiben.

Diese Vorstellung einer bewusst erarbeiteten und dadurch lebenslang sicheren Liebe fasziniert Partner und Experten gleichermaßen und eint sie im Glauben an eine Beziehungsarbeit, zu der Partner die Hoffnungen und Experten die Konzepte beitragen. Diese Konzepte stammen ausnahmslos aus der Paartherapie, aus einer speziellen Behandlungs- und Beratungssituation oder aus wissenschaftlichen Untersuchungen. Es erscheint deshalb keineswegs selbstverständlich, dass solche außerhalb des Paaralltags entstandenen Konzepte auf das Paarleben übertragen werden können. Genau das behaupten jedoch die Beziehungsexperten.

Zweifel am Sinn therapeutischer Beziehungskonzepte sind schon deshalb angebracht, weil sich die Masse der Paare niemals eine Paartherapie gönnen wird. Erstens ist sie teuer, und zweitens gibt es zu wenige Paartherapeuten, gute noch viel seltener. Bei genauem Hinsehen erweist sich jedoch: Die Erfordernisse der Beziehungsarbeit sind teilweise widersprüchlich und die den Partner gestellten Aufgaben derart umfangreich, dass das Kunststück bewusster Beziehungsgestaltung bestenfalls bruchstückhaft und auch dann nur mit therapeutischer Unterstützung gelingen kann.

Nimmt man die Aufgabenstellung der meisten in diesem Buch zitierten Psychologen ernst, müssten Paarbeziehungen zukünftig unter therapeutische Aufsicht gestellt werden. Anscheinend wird uns nicht mehr zugetraut, ein Leben unabhängig von Beratern und Experten zu leben, ein Liebesleben schon gar nicht.

Auf diese Themen werde ich im ersten Teil des Buches eingehen, in dem ich deutliche Kritik an der von Experten geforderten Beziehungsarbeit übe. Dahinter steckt allerdings nicht die Absicht, die Paartherapie allgemein zu entwerten. Ich halte Paartherapie für durchaus sinnvoll und weise auf einige ihrer neuen Ansätze hin. Meine Kritik wendet sich allerdings gegen Expertenvorgaben und Idealvorstellungen darüber, wie Beziehungen angeblich sein sollten oder sein könnten.

Insgesamt erscheint die Idee, Menschen könnten »bewusst lieben«, absurd. Wenn der Einzelne nicht bewusst über sich selbst bestimmen kann, wie sollten dann Partner über ihre Beziehung und die Gefühle darin bestimmen können? Vertragen sich Liebe und Kontrolle überhaupt miteinander, oder muss Liebe nicht ein Geheimnis bleiben? Das sind die Themen im zweiten Teil.

Ist die Illusion der Steuerung aufgegeben, fällt es leichter, die eigene Beziehung zu sehen wie sie ist und sich ihr zuzuwenden. Darum geht es im dritten Teil. Hier entwickle ich eine ungewöhnliche Sichtweise auf Paarbeziehungen. Ich schlage vor, Beziehungen wie eigenständige Wesen zu betrachten. Selbstverständlich existieren Beziehungen nicht unabhängig von den Partnern, und deshalb können sie auch nicht wirklich eigenständig sein, aber – und dies ist von größter Bedeutung – sie erscheinen im Bewusstsein der Partner so.

Um die Eigenständigkeit einer Beziehung zu erläutern, werde ich darlegen, dass eine Beziehung ihre Motive und Ziele aus dem Nichtwissen bezieht, aus jenen unendlich großen Bereichen der inneren und äußeren Welt, auf die bewusste Absichten keinen Zugriff haben und von denen aus das Handeln der Partner bestimmt wird.

Eine Beziehung wie ein eigenständiges Wesen zu betrachten führt zu Konsequenzen, denn die Art, wie man etwas betrachtet, beeinflusst den Umgang damit. Hält man Beziehungen für steuerbar, ergibt sich hieraus die Suche nach Strukturen und Strategien. Sieht man Beziehungen hingegen als eigenständig an, stellen sich Neugier und der Ehrgeiz ein, sie zu entdecken und zu erforschen.

Zu einer solchen Beziehungserforschung werde ich etliche Anregungen liefern. Zudem werde ich zeigen, dass Partner, auch wenn sie ihre Beziehungen kaum willentlich steuern können, nicht zur Passivität verurteilt sind. Sie können eine Menge tun. Sie können sich auf vielfältige Weise mit ihrer Beziehung auseinander setzen und sich dazu verhalten. Darüber hinaus können sie den Wert ihrer Beziehung erkennen, sie würdigen, mit ihr leben oder sich auch gegen sie entscheiden.

Schließlich wende ich mich dem Thema Beziehungskrisen zu. Wer in einer Beziehung lebt, kann nicht verhindern, von Zeit zu Zeit in eine Beziehungskrise zu geraten. Solche Krisen sind nicht bloß unvermeidbar, sie erweisen sich sogar als sinnvoll, denn sie bringen jene im Normalzustand nicht wahrnehmbaren Informationen hervor, die auf den Veränderungsbedarf einer Beziehung hinweisen. Ich werde darlegen, dass Beziehungskrisen weder auf »Versagen« noch auf die allseits behauptete Unfähigkeit von Partnern zurückzuführen sind, sondern dass sie Versuche der Selbstregulation und Selbststeuerung von Beziehungen darstellen.

Schlussendlich werde ich die große Herausforderung beschreiben, vor die Partner heute gestellt sind. Mehr als zuvor geht es meines Erachtens in heutigen Beziehungen darum, das Bedürfnis nach Bindung mit dem Bedürfnis nach Autonomie zu vereinbaren. Die Perspektive der Beziehung als eigenständigem Wesen erleichtert dieses Vorhaben. Sie lässt die Beziehung den Partnern gegenüber als gleichwertig erscheinen. So gesehen ist eine Paarbeziehung nicht mehr wert als das Individuum, aber auch nicht weniger.

Partner können miteinander leben, was sie miteinander haben, das lässt sich aus meiner Betrachtung schließen. Aber sie können nicht darüber bestimmen, was sie miteinander haben. Die Liebe zu wollen und doch nicht über sie bestimmen zu können, sie zu suchen und sie doch nicht sicher festhalten zu können, sie zu brauchen und doch nicht über sie verfügen zu können, ist in meinen Augen kein Nachteil. Es macht die Liebe wertvoll und das Beziehungsleben lebendig.

Meine Betrachtungen münden daher in der Aufforderung, sich eine krampfhafte und zielgerichtete Beziehungsarbeit zu ersparen oder, wenn eine solche Beziehungsarbeit gescheitert ist, sich dennoch nicht als beziehungsgestört anzusehen. Stattdessen fordere ich Partner auf, ihre Beziehung als das zu sehen und anzuerkennen, was sie *beim besten Willen* miteinander hinbekommen.

TEIL 1
DER MYTHOS LIEBE

GEHEIMNISSE UND
SPIELREGELN DER LIEBE

Professor Erich H. Witte / Helga Wallschlag:
*Liebe ist ein Geheimnis – trotz aller wissenschaftlichen
Untersuchungen. Aber die Frage, wie wir uns die Liebe
erhalten können, ist kein Geheimnis.*[1]
Dr. Eva Gesine Baur / Dr. Wilhelm Schmid-Bode:
Lieben ist das einzige Mysterium, das sich erlernen lässt.[2]

Diese beiden Zitate zeigen beispielhaft, was unzählige Fachleute heutzutage behaupten: Die Liebe zwischen Mann und
Frau folge bestimmten Regeln und Gesetzmäßigkeiten. Diese
wären mittlerweile zwar gründlich erforscht, den meisten Partnern aber leider verborgen geblieben. Wüssten Liebende davon
und würden sie ihr Verhalten danach ausrichten, stünde einer
lebenslangen und zugleich intensiven Liebe nichts im Wege.

In solchen Behauptungen ist das, was ich den modernen
Mythos Liebe nenne, direkt oder indirekt enthalten. Dieser Mythos verspricht nämlich schlicht und einfach: Lebenslang liebe-
volle und lebendige Beziehungen sind gestaltbar, sind formbar,
sind machbar. Partner können demnach sowohl über die Qualität als auch über die Dauer ihrer Paarbeziehung bestimmen.

Wer solchen Machbarkeitsversprechen glaubt, für den ergeben sich ernsthafte Konsequenzen. Gelingt es ihm nicht, die
eigenen hohen Ansprüche und die noch höheren der professio-
nellen Beziehungsexperten zu erfüllen, trägt er ganz allein die
Schuld am Zustand oder Scheitern seiner Beziehung. Dann hat
er versagt, weil er besagte Regeln der Liebe außer Acht ließ und
die ihm angetragenen Handlungsstrategien nicht befolgte, und
darf sich fortan mit entsprechenden Selbstzweifeln quälen. Weil

er nun als beziehungsgestört oder beziehungsunfähig gilt, muss er sich intensiver, therapeutisch fundierter Beziehungsarbeit widmen. Diese Beziehungsarbeit beruft sich auf besagte Gesetzmäßigkeiten und die dahinter stehenden Geheimnisse der Liebe.

Wie ein kurzer Blick auf den Buchmarkt verdeutlicht, werden beziehungsarbeitswillige Partner reichlich mit Geheimnissen und allgemeingültigen Regeln der Liebe versorgt:

Die sieben Geheimnisse der glücklichen Ehe von John M. Gottman und Nan Silver, *Die 10 Geheimnisse ewiger Liebe* von Frank Naumann, *Die zehn Geheimnisse der Liebe* von Adam Jackson, *Geheimnisse der Liebe* von Peter Lauster, *100 Geheimnisse der Liebe* von Chuck Spezzano, *Die Kunst, den Mann fürs Leben zu finden* von Ellen Fein und Sherrie Schneider, *Wie Partnerschaft gelingt – Spielregeln der Liebe* von Hans Jellouschek, *Spielregeln der Partnerschaft* von Otto Brink, *Gelegenheit macht Liebe* von Michael Lukas Moeller, *Die fünf Säulen der Liebe* von Erich H. Witte / Helga Wallschlag, *Wenn die Liebe ein Spiel ist, sind dies die Regeln* von Cherie Carter-Scott, und so weiter und so fort.

Diese und unzählige andere Bücher, wissenschaftliche Untersuchungen und entsprechende Medienberichte haben in den letzten Jahrzehnten ihre Wirkung entfaltet. Verstärkt durch den allgemeinen Trend, das Leben in all seinen Teilbereichen zu managen[3], ließen sie den Eindruck entstehen, Beziehungen und vor allem die Liebe wären willentlich gestaltbar.

Die Idee der gestaltbaren Beziehung ist keinesfalls harmlos. Sie ordnet die überwiegende Zahl der Partner einem riesigen Heer von Beziehungsversagern zu. Die meisten Menschen sind nämlich bereits ein- oder mehrmals geschieden oder haben nie geheiratet, halten sich in unbefriedigenden Ehen auf oder leben in serieller Monogamie, wählen außerhalb der Norm liegende Beziehungsformen oder verbringen ihren Alltag als Single. Tatsächlich gelingt es den meisten Partnern nicht, eine lebenslange und lebendige Liebe zu ein und demselben Menschen, ein Ideal das ihnen ständig vorgehalten wird und das sie selbst begeistert hochhalten, zu verwirklichen.

Glaubt man dem modernen *Mythos Liebe*, so liegt das einzig und allein an den Partnern selbst. Die Frage, ob ihre Schwierigkeiten struktureller Art sind, ob sich die Liebe unter den heutigen gesellschaftlichen Bedingungen überhaupt in eine gewünschte Form und Dauer zwängen lässt, diese Frage wird auf dem Hintergrund des vorherrschenden Machbarkeitsglaubens nicht gestellt. Denn für Experten scheint es nur diese »eine« Liebe zu geben.

DIE IDEALBEZIEHUNG AUS EXPERTENSICHT

DIE EINE LIEBE

Wenn heute von Liebe oder Paarliebe gesprochen wird, ist damit die *eine* Liebe gemeint, die alles umfassende Liebe. Eine Verbindung zwischen Mann und Frau, die körperliche, emotionale, sinnliche, geistige, psychische und partnerschaftliche Aspekte der Liebe abdeckt. Es entsteht der Eindruck, als stünde der Liebe lediglich diese eine Form zur Verfügung.

Das wurde einmal anders gesehen. Vor nicht allzu langer Zeit noch unterschied man zwei verschiedene Formen der Liebe. Darauf weisen unter anderen Philippe Ariès und Michel Foucault hin:

> Heutzutage übersehen wir gern ein Phänomen, das in der Geschichte der Sexualität bis ins 18. Jahrhundert hinein stets von allergrößter Bedeutung war (...): den Unterschied nämlich, den die Menschen in nahezu allen Zeiten (außer der unseren) zwischen der Liebe in der Ehe und der Liebe außerhalb der Ehe gesehen haben.[4]

Diese beiden Formen der Liebe, die *freundlich/partnerschaftliche* in der Ehe und die *emotional/leidenschaftliche* außerhalb der Ehe, existierten mehr als zwei Jahrtausende in spannungsreicher Koexistenz nebeneinander. Das änderte sich erst, einhergehend mit umfassenden wirtschaftlichen und sozialen Umwälzungen, mit dem Aufkommen des Bürgertums. Seither sind die beiden Liebesformen zu einer einzigen Liebe verschmolzen. Diesem umfassenden Beziehungsideal folgend versuchen die

Menschen nun, sowohl die freundlich/partnerschaftliche als auch die emotional/leidenschaftliche Liebe unter dem Dach ihrer Beziehung unterzubringen und auf Dauer dort zu halten.

Höhere Anforderungen als diese eine, lebenslange Liebe kann man sich für Beziehungen kaum vorstellen. Alles, und das dauerhaft. Kein Wunder, dass die Partner mit der Umsetzung dieses Ideals bis heute größte Schwierigkeiten haben und sich damit überfordert fühlen.

Diese Überforderung hat professionelle Beziehungsexperten auf den Plan gerufen. Sie sollen bei dem Vorhaben helfen, das moderne Beziehungsideal umzusetzen, ein reiches Betätigungsfeld für Experten jeglicher Couleur. Wissenschaftler, Psychologen und Therapeuten tummeln sich darin und erforschen, analysieren und therapieren die Partner in Richtung auf die eine, umfassende Liebe hin.

UNTERSCHIEDE IM
LAIEN- UND EXPERTENIDEAL

Laien und Experten hängen dem gleichen Beziehungsideal an, dem Ideal der umfassenden, lebenslangen, einen Liebe. Dennoch unterscheiden sich ihre Vorstellungen hinsichtlich der Art, wie diese Beziehung zustande kommt, voneinander.

Eine aus Laiensicht ideale Beziehung bietet Liebe dauerhaft und frei von jeder Anstrengung, quasi *von selbst*. Der Laie sucht nach dem richtigen Partner und hängt damit romantischen Ideen nach. Irgendwo da draußen irrt der Traummann oder die Traumfrau umher. Wenn er diesen richtigen Partner gefunden hat, davon ist er überzeugt, sei Liebe für immer garantiert, und auch die schönen Gefühle der Verliebtheit blieben erhalten.

Experten sehen die Angelegenheit weniger romantisch. Für sie leiten Verliebtheitsgefühle eine Beziehung lediglich ein, um dann von »echter« Liebe abgelöst zu werden. Diese so genannt echte oder wahre Liebe äußere sich weniger in überschwäng-

lichen Gefühlen als vielmehr in stetiger Wesens- und Herzens-
bindung. Da auch diese Liebe vielfältigen Gefährdungen aus-
gesetzt sei, wozu der Alltag und die Sehnsucht nach Verliebtheit
gehörten, bleibe sie aber keineswegs von selbst erhalten. Vielmehr müsse an ihrem Erhalt *gearbeitet* werden. Für Experten
geht es also nicht darum, den richtigen Partner zu finden, sondern perfekte Partner füreinander zu werden.

Die Idealvorstellungen von Laien und Experten liegen nicht
allzu weit auseinander. Der Unterschied besteht lediglich darin,
dass Laien das Paradies dauernder Paarliebe frei Haus erwarten,
während Experten meinen, es müsse durch harte Arbeit verdient werden. Beobachtet man einen durchschnittlichen Beziehungsverlauf, fällt tatsächlich auf, dass einiges mühelos geschieht, was der Laiensicht Recht gibt, während sich anderes
überaus mühevoll gestaltet, was die Expertensicht bestärkt.

ALLTÄGLICHE BEZIEHUNGSVERLÄUFE

Partner finden heutzutage fast ausnahmslos aufgrund emotionaler Anziehung zueinander. Deshalb werden moderne Beziehungen durch Gefühle der Verliebtheit eingeleitet. Sich zu verlieben fällt den Partnern leicht, weil sie diesen Zustand nicht
herbeiführen müssen – er geschieht ihnen *ganz von selbst*, ohne
jedes bewusste Zutun. Allerdings hält die Verliebtheitsphase
nicht lange an. Die Beobachtung zeigt, dass Partner früher oder
später aus dem Himmel der Verliebten vertrieben werden und
schließlich auf dem Boden des Alltags landen. Dorthin werden
sie ebenfalls unabhängig von ihrem Zutun oder ihrer Zustimmung *ganz von selbst* verbannt.

Wollen sie ihre Beziehung erhalten, kommt es aus Experten-
ansicht jetzt darauf an, die Überleitung »von der mystischen
Einheit der Verliebten zur realen Einheit auf dem Boden« zu
vollziehen, wie es die Therapeutin Ago Bürki-Fillenz formuliert.[5] Weil der Paaralltag verständlicherweise nicht aufgrund

romantischer Gefühle zu bewältigen ist, soll aus Verliebtheit nun
verlässliche Liebe werden.

Wenn sie von der »Liebe auf dem Boden« oder von »Partnerliebe« sprechen, meinen die meisten Experten damit eine *personale Liebe*, die sich aus den psychischen Unterschieden der
Partner ergibt. In einer solchen personalen Liebe sind die Partner von den Wesenseigenarten des jeweils anderen fasziniert.
Indem der eine über bestimmte Charaktereigenschaften verfügt,
die dem anderen Partner wenig zugänglich sind, ergänzen sich
die Partner gewissermaßen zu einer psychischen Einheit. Beispielsweise bringt der eine Bodenständigkeit mit und der andere Flexibilität. Oder ein Partner agiert extrovertiert, während
der andere introvertiert auftritt. Oder ein Partner offeriert Stärke,
während der andere Empfindsamkeit bietet. Solche wesens-
mäßigen Unterschiede lassen eine große Faszination entstehen
und sind in der Lage, starke Liebesgefühle hervorzurufen.

Tatsächlich hilft die personale Liebe dabei, die Vertreibung
aus dem Paradies zu verkraften und eine Partnerschaft auf dem
Boden zu etablieren. Allerdings können Partner diese personale
Liebe ebenfalls nicht willentlich herbeiführen. Sie ist in der
anfänglichen Verliebtheit bereits angelegt oder hat sich auf
dem anschließenden Weg gemeinsamer Alltagseroberung *ganz
von selbst* ergeben. (Ob personale Liebe tatsächlich die wesent-
lichste beziehungsstiftende Kraft ist, wie viele Experten das annehmen, sei dahingestellt, dazu später mehr.)

DIE NOTWENDIGKEIT
ZUR BEZIEHUNGSARBEIT

Bisher brauchten die Partner nichts für ihre Beziehung zu tun,
es geschah alles wie von selbst. Mit der Landung auf dem Boden und der Überleitung zur Paarliebe sind diese Zeiten nun
vorbei. Denn jetzt taucht eine weitere Bedingung auf: die Forderung der Dauer. Die Liebe und noch vorhandene Leiden-

schaft, überhaupt alles Schöne der Beziehung, sollen fortan dauerhaft zur Verfügung stehen. Mit der gewünschten Dauerhaftigkeit haben die Partner jedoch größte Probleme, worauf Scheidungszahlen und Beziehungsdramen, aber auch der Verkaufserfolg zahlloser Beziehungsratgeben hinweisen. Höhere und umfangreichere Anforderungen kann man an eine Beziehung kaum stellen. Alles, und das auf Dauer. Gerade aber die Dauer bereitet größte Probleme. Man muss sich nur vor Augen halten, dass die Ehepaare im vorindustriellen Zeitalter durchschnittlich etwa acht bis zehn gemeinsame Jahre miteinander verbringen konnten, bis der Tod sie schied, nicht selten starb die Frau im Kindsbett. Heute sollen Partner aufgrund der gestiegenen Lebenserwartung 50 oder sogar 60 Jahre miteinander verbringen und während dieses langen Zeitraums sowohl Liebe als auch Leidenschaft erhalten!

Kein Wunder, dass sich Partner dabei überfordert fühlen und nach Hilfe rufen. Hier treten die Beziehungsexperten auf den Plan. Sie erforschen, kategorisieren, therapieren und enträtseln die Liebe, und mit ihren Erkenntnissen zieht die Forderung nach Beziehungsarbeit ins Paarleben ein. In diesem Begriff der Beziehungsarbeit drückt sich die Überzeugung vieler Fachleute aus, das Beziehungsideal ließe sich durch *Anstrengung* und die Entwicklung *spezieller Fertigkeiten* verwirklichen.

Halten wir uns das eingangs des 21. Jahrhunderts von Experten konstruierte Idealpaar zusammenfassend vor Augen: Es hat sich aufgrund einer anfänglichen Verliebtheit gefunden, anschließend eine auf personaler Liebe beruhende Paarbeziehung aufgebaut und ist fortan zu einer kontinuierlichen »Arbeit am Liebesunterhalt«, durch die auch die anfängliche Verliebtheit immer wieder aufflackert, bereit und in der Lage.

Wie man sieht, steht das Bedürfnis nach Beziehungsarbeit in engem Zusammenhang mit den hohen Ansprüchen, die heutzutage an eine Beziehung gestellt werden. Wenden wir uns nun den Erfordernissen einer solchen »Beziehungsarbeit« zu.

DIE ARBEIT AN DER BEZIEHUNG

John Gray:
*Eine wirklich gute Beziehung verlangt Einsatz
von beiden Seiten. Unermüdlich müssen die Partner
daran arbeiten.*[6]

Michael L. Moeller:
*Das Paar wird damit zum Architekten der eigenen Gelegen-
heiten – indem es die Bedingungen nun bewusst, aktiv
und absichtlich herstellt, die ihm damals zumeist unversehens
und weitgehend passiv in den Schoß fielen.*[7]

Hans Jellouschek:
*Die eine (Gefahr) ist, dass die Arbeit am Kunstwerk
der Beziehung nicht ernsthaft und entschieden genug
erfolgt.*[8]

Dr. Eva Gesine Baur / Dr. Wilhelm Schmid-Bode:
*Entdecken Sie, wie aufregend eine feste Partnerschaft sein
kann. Sie müssen nur die Freude am Geben entdecken und
die am guten Streit. Selbst die Kunst der Langzeiterotik
und der körperlichen Liebe lässt sich lernen – und ein ganzes
Leben lang verfeinern.*[9]

Claudia und David Arp:
*Eine gute Partnerschaft ist eine Sache der Entscheidung.
(...) Schwierige Ehen haben eines gemeinsam: Die Partner
haben aufgehört, sich füreinander zu entscheiden. Sie
haben nicht mehr an ihrer Ehe gearbeitet.*[10]

Michael Cöllen:
Es gilt, die Regeln und Gesetzmäßigkeiten der Liebe zu erkennen, sie geduldig einzuüben und schließlich bewusst zu praktizieren.[11]

Diese Zitate belegen das große Versprechen, das Experten in Bezug auf Beziehungsarbeit aufstellen und das den *Mythos Liebe* bildet. Es lautet: Eine alles umfassende Beziehung ist machbar, gestaltbar, lernbar – wenn die Partner nur genügend daran arbeiten. Dieses Versprechen gründet sich auf psychologische, therapeutische und wissenschaftliche Untersuchungen, wie sie zuhauf durchgeführt werden. Übereinstimmend lautet deren Ergebnis: Gelingende Partnerschaft hängt von den Fähigkeiten der Partner ab, deshalb müssen Partner ihre Fähigkeiten trainieren!

VIELFÄLTIGE FÄHIGKEITEN TRAINIEREN

Um das »Kunstwerk der Beziehung« entstehen zu lassen, um »zu entdecken, wie aufregend feste Partnerschaften sein können«, um »zum Architekten der eigenen Gelegenheiten zu werden«, bedarf es in der Tat zahlreicher und ausgeprägter Fähigkeiten. Da kaum ein Mensch über ein derart umfangreiches Repertoire verfügt, geht es in der Beziehungsarbeit auch und vor allem darum, sich diese Fähigkeiten anzueignen.

Da kommt einiges auf die Partner zu. Schauen wir, was bekannte Psychologen, Therapeuten und Autoren hierzu vorschlagen. Der Psychoanalytiker Michael L. Moeller, der im Jargon ausgefuchster Manager von der »Organisationsentwicklung des Paaralltags«[12] spricht, entwarf ein umfassendes Diagramm,[13] in dem alle Fähigkeiten für gelingende Partnerschaften zusammengefasst sind. Darin kommt in vier Lebensbereichen einiges Wünschenswerte zusammen:

Bereich Selbstbindung:
Selbstwahrnehmung, Angstfähigkeit, Einsicht, Selbstzu-
wendungsfähigkeit, Selbstbewusstsein, Entscheidungsfähigkeit,
Selbstgestaltung, Selbstintegration.

Bereich Gesundheit:
Immunstärkung, Entwicklung eigener Werte, Gewinnen innerer
Freiheit, Eigeninitiative, Gelassenheit, Arbeitsfähigkeit, Flexibilität,
Sensibilität.

Bereich Einfühlung:
Partnerwahrnehmung, zuhören können, Selbstrelativierung,
Zuwendungsfähigkeit, Konfliktfähigkeit, Dialogfähigkeit, Bindungs-
fähigkeit, Trennungsfähigkeit.

Bereich Erotik:
Wahrnehmen der Wünsche, Schuldfähigkeit, sich in der Erotik
abstimmen können, mit erotischen Widersprüchen umgehen
können, Erkennen erotischer Chancen, Verstehen aushäusiger
Verliebtheiten, gemeinsame Kreativität, Liebesfähigkeit.

Der seine Partnerschaft gestaltende Mensch muss, folgt man
dieser Auflistung von Moeller, mit Fähigkeiten geradezu geseg-
net sein und es in jedem der vier aufgeführten Bereiche zur
Meisterschaft bringen. Erst dann wird ihm die geforderte »Organisationsentwicklung des Paaralltags« gelingen.

Auch der Therapeut Hans Jellouschek geizt nicht mit an-
spruchsvollen Aufgaben. Bei ihm geht es in der Partnerschaft
darum,

die Beziehung durch »Alltagsarbeit« und »Inselrückkehr« zu
pflegen – Distanzierungsphasen einzuleiten – für sich selber
sorgen zu lernen – die rechte Beziehung zu den eigenen
Eltern herzustellen – eine positive Beziehung zum eigenen

Geschlecht herzustellen – sich selbst als Individuum zu entdecken und seine eigene Welt aufzubauen – Hingabe einzuüben – Freundschaften außerhalb der Beziehung aufzubauen – treu zu bleiben – sich bewusst für den Partner zu entscheiden (und andere Kleinigkeiten mehr).[14]

Der amerikanische Psychologe und Bestsellerautor John Gray will demgegenüber nicht zurückstehen und setzt für den Liebeserhalt ebenfalls unerlässliche Fähigkeiten voraus:

Lernen, zuzuhören – befreiende Gespräche führen – nehmen lernen – geben lernen – die Sprache der Männer/Frauen lernen – pendeln zwischen Nähe und Autonomie – respektvoll mit den Bedürfnissen des anderen umgehen – die guten wie die schlechten Tage annehmen – die zwölf (!) Arten der Liebe praktizieren – Streit vermeiden – in schwierigen Zeiten zusammenstehen – die Liebesbrieftechnik praktizieren – das Innere Kind neu erziehen – richtig zu bitten – positiv zu fragen – usw. [15]

Auf allerlei unverzichtbare Fähigkeiten zum Beziehungserhalt stieß auch Erich Witte, Professor an der Universität Hamburg, aufgrund seiner Untersuchungen. Er zählt diese in seinem Modell der »Fünf Säulen der Liebe« auf:

So müssen die Paare einander zeigen, dass sie sich lieben (erste Säule), sie müssen miteinander streiten (zweite Säule), sie müssen gleichberechtigt sein (dritte Säule), sie müssen ein ähnliches Bedürfnis nach Nähe verspüren (vierte Säule), und sie müssen sich als Paar von der Außenwelt abgrenzen, ohne gleichzeitig den notwendigen Kontakt zur Außenwelt zu verlieren (fünfte Säule).[16]

Der Psychologe und Autor Michael Cöllen leistet ebenfalls einen Beitrag zur Beziehungsarbeit, indem er das passende Handwerkszeug zum »Austausch hoher Liebesenergie« liefert:

Das sind in der Psychologie der Liebe vor allem zwei Werkzeug-
kästen, nämlich die (...) Dialogebenen und Partnerstile. Der
Werkzeugkasten der Dialogebene beinhaltet Körper, Gefühl, Sprache,
Sinnfindung und Zeitanwendung. (...) Der Werkzeugkasten der
Partnerstile beinhaltet die fünf Fähigkeiten von Anpassung, Durch-
setzung, Planung, Intuition und Integration. Je nach Situation
sind sie adäquat einzusetzen.[17]

Eines fällt bei den zitierten und bei etlichen anderen Experten
auf: Der Imperativ regiert die gestaltete Beziehung. Die *Partner
müssen ... es gilt ... es ist darauf zu achten ... es ist unumgäng-
lich ... es ist erforderlich ... usw.* Schließlich sollen die Partner
ihre Liebe verlässlich lebendig erhalten. Da müssen sie sich ge-
streng an die Vorgaben halten.

Mit diesem gewaltigen Lernvorhaben ist die Beziehungsarbeit allerdings nicht abgeschlossen. Haben Partner die geforderten Fähigkeiten erworben, wobei meist offen bleibt, wie sie
das tun sollen, kommt es nun darauf an, diese Künste in den
verschiedensten Lebensbereichen praktisch anzuwenden. Auch
bei diesem Vorhaben legt der Imperativ die Hürden auf. Die
Partner *müssen* dazu:
  – an der Beziehung arbeiten,
  – an der eigenen Person arbeiten,
  – Autonomie und Nähe ausgleichen,
  – Nehmen und Geben ausgleichen,
  – gemeinsame Projekte entwickeln,
  – die Sexualität lebendig erhalten,
  – ihre Kommunikation perfektionieren,
  – von Zeit zu Zeit die Anfangsvision beleben und
  – von High Successful Couples lernen.

Was für ein Projekt! Das alles müssen Partner leisten, die ihre
Beziehung bewusst gestalten wollen. Das sei gar nicht so schwierig, wird gesagt. Das gelänge mit etwas Unterstützung durch

entsprechende Bücher, darin vermittelte Einsichten und emp-
fohlene Übungen, gegebenenfalls verstärkt durch ein wenig
Therapie oder einige Seminare. Ansonsten stellen Experten die
Arbeit an der Beziehung vor allem als eine Frage des Willens
und der Disziplin dar. Wenden wir uns daher den neun Bereichen angewandter Beziehungsarbeit zu.

SCHWIERIGKEITEN
MIT DEM »LIEBESVOLLZUG«

AN DER BEZIEHUNG ARBEITEN

An einer Beziehung zu arbeiten und die Liebe entsprechend zu vollziehen stellt, wie beschrieben, einen enorm hohen Anspruch dar. Das war auch einem der bekanntesten deutschen Paartherapeuten, dem kürzlich verstorbenen Psychoanalytiker Michael L. Moeller, durchaus klar. (Moeller hat wichtige Bücher zum Thema Liebe und Partnerschaft geschrieben, die von Millionen Menschen gelesen werden und wird deshalb im Folgenden häufiger von mir zitiert.)

Weil Beziehungsarbeit so anspruchsvoll sei, betont Moeller, ginge es zuallererst »(...) um das Entwickeln der Entwicklungsfähigkeit. Ohne sie kommt das Paar nicht weiter.« [18] Zur Entwicklung dieser Entwicklungsfähigkeit gehören vor allem Bereitschaft und Zeit. Beides (nicht erwähnt wurde Geld) ist Voraussetzung, um die zahlreichen benötigten Fähigkeiten zu erwerben, deren Anwendung dann wiederum Bereitschaft und Zeit erfordert. So gerät die Arbeit an der Beziehung zu einer energie- und zeitintensiven Aufgabe. Diesem Mammutprojekt stellen sich nach Moeller zwei große Widersacher in den Weg: die Arbeitswelt und die Massenmedien.

Da der Tag jedoch weitgehend bestimmt ist durch die permanente Strukturkrise der Arbeitswelt und die einflussreichen Setzungen der Massenmedienfreizeit, gehört sehr viel Energie und Phantasie dazu, mit dem Geschick der Organisationsentwicklung und dem geradezu psychoanalytischen Gespür für innerseelische Chancen und Barrieren den uns strukturierenden

Alltag in die eigenen Hände zu nehmen und zu unseren Gunsten umzugestalten. [19]

Moellers Vorschlag, den Alltag umzugestalten, klingt nach einer guten Empfehlung, scheint jedoch stark überzogen zu sein. Wie sollen Partner ihren Alltag gegen die Diktate der Arbeitswelt strukturieren? Den meisten fällt es schon schwer, einen Kindergartenplatz zu ergattern, andere müssen weit auseinander liegende Arbeitsplätze in Kauf nehmen. Da bleibt neben der anstrengenden beruflichen Tätigkeit und der nicht weniger aufwändigen Haushaltsführung kaum Kraft übrig, die in Beziehungsarbeit investiert werden könnte.

Moeller schlägt zur Strukturierung des Alltags Rituale wie den gemeinsamen Mittagstisch und regelmäßige Übungen der Partner vor. Beispielsweise »Die Goldwäsche«, ein Ritual, in dem jeder Partner dem anderen die beste Einsicht schildert, die er aus den letzten 24 Stunden gewonnen hat. Er meint, die dazu nötige Zeit ließe sich dem Fernsehen abtrotzen. Den Fernseher auszuschalten würde tatsächlich mehr Zeit zur Verfügung stellen, aber nicht automatisch Lust auf anstrengende psychische Tätigkeiten, wie Beziehungsarbeit eine darstellt, wecken. Und wie schafft man neue Gewohnheiten? Dazu meint Moeller optimistisch:

Wenn die Gewohnheiten die Menschen prägen, müssen wir vor allem für gute Gewohnheiten sorgen, die uns dann prägen werden. [20]

Ist es tatsächlich so einfach, gute Gewohnheiten zu entwickeln und sich auf diese Weise selbst zu prägen? Können sich Menschen Rituale ausdenken und so fest im Alltag etablieren, dass sie regelmäßig und mit Engagement durchgeführt werden? Das wäre ein Novum. Bisher sind Rituale aus dem Leben der Menschen quasi von selbst entstanden, und sie sind auf spezifische

soziale Umstände angewiesen, von denen sie aufrechterhalten
werden. Deshalb verschwinden beispielsweise in einer Therapie
entworfene Rituale regelmäßig, sobald die Krisensituation, welche sie heraufbeschwor und in der sie sich bewährten, vorüber
ist.

Das gilt auch für das wichtigste der von Moeller vorgeschlagenen Rituale, das *Zwiegespräch* der Partner. Ich bin in meiner
Beratung etlichen Paaren begegnet, die Moellers zweifellos nütz-
liches Gesprächsritual einige Monate, in seltenen Fällen sogar
länger durchhielten. Dann allerdings schlief das Ritual meistens ein. Man kann es sich nun leicht machen und den Partnern
zu wenig Entwicklungsfähigkeit, mangelnden Willen und Disziplin, fehlende Wachstumsbereitschaft und obendrein Zeitgeiz
unterstellen. Man kann aber auch sagen, das Ritual hat seine
Schuldigkeit getan.

Moeller ruft nun zwei Berufsgruppen zu Hilfe, Organisationsentwickler und Psychoanalytiker. An den Fähigkeiten dieser
Fachleute, an ihrer Disziplin und Ausdauer, sollen sich die
Partner orientieren, und vor allem an ihren besonderen Quali-
fikationen, dem »Geschick der Organisationsentwicklung« und
dem »geradezu psychoanalytischen Gespür für innerseelische
Chancen und Barrieren«.

Auch hier tauchen sofort Zweifel auf. Die betreffenden Fachleute müssen jahrelang studieren, um sich das benötigte Geschick
anzueignen und lange in ihrem Berufsfeld arbeiten, bevor sie
ein entsprechendes Gespür entwickeln. Wie sollen Partner so
etwas quasi nebenbei hinbekommen? Zudem müsste es in den
Beziehungen dieser Fachleute besser als in den Durchschnitts-
ehen aussehen, wenn sie als Vorbilder taugen sollen. Daher
sei die Frage erlaubt, ob Organisationsentwickler und Psychoanalytiker denn bessere Ehen führen, als »Laien« es tun? Wohl
kaum. Der Psychoanalytiker Moeller trennte sich von seiner
Frau und ging eine Beziehung mit seinem südamerikanischen
Dienstmädchen ein.[21] Hatte er zu wenig Kenntnis von der Orga-

nisationsentwicklung? Am fehlenden psychoanalytischen Gespür kann es nicht gelegen haben, denn das war mit Sicherheit
vorhanden.

DIE DRITTE POSITION

Woran lag es dann? Moeller wird gute Erfahrungen mit der
Paarpsychoanalyse gemacht haben, die ich nicht im Mindesten
in Frage stellen möchte. Diese Erfolge ergaben sich jedoch nicht
aus der Beschäftigung zweier Partner mit sich selbst, sondern
aus einer therapeutischen Dreierkonstellation. Neben den beiden Partnern befindet sich ein Therapeut im Raum, der eine
dritte, relativ unabhängige Position einnimmt. Aus dieser Position und dem damit verbundenen Abstand zu den Partnern und
deren emotionalen und sonstigen Verstrickungen ergeben sich
wichtige Erkenntnisse, wertvolle Anregungen und brauchbare
Anleitungen. Um diese zu gewinnen, sind die Partner allerdings
auf den Therapeuten angewiesen, auf einen guten zudem.

Etliche solcher aus einer Therapiesituation gewonnenen Hinweise zeigen, dass sich aus Paarkonstellationen gewisse Ent-
wicklungs- und Wachstumschancen für die Partner ergeben.
Doch um sie zu erkennen, wird ein Therapeut gebraucht, und
um sie anzuwenden, ist eine Therapie nötig. Die Partner können sich nämlich nicht selbst therapieren, dazu fehlt ihnen die
nötige Fertigkeit.

Deshalb stellen viele aus dem Feld der Therapie entnom-
mene und ins Paarleben übertragene Ratschläge völlige Über-
forderungen dar. Was einem Paar in der Therapie gelingen mag,
gelingt dem nichttherapierten Paar noch lange nicht.

Mit meinem Vorschlag, eine Beziehung als dritte, quasi
eigenständige Person zu sehen, den ich später ausführen werde,
verhält sich das anders. Diese Sicht ermöglicht weit mehr Abstand und kommt dem Bedürfnis, frei von therapeutischer
Kunstfertigkeit mit der eigenen Beziehung umzugehen, weit

mehr entgegen. Da ich hier nicht vorgreifen möchte, finden Sie
im zweiten Teil des Buches dazu mehr.

Halten wir fest: Die Idee, auf der Grundlage therapeutischer
Ratschläge an einer Beziehung zu arbeiten, stellt überhöhte
Ansprüche an die Partner. Solche Beziehungsarbeit erfordert in
den meisten Fällen therapeutische Begleitung. Im Folgenden
wird sich sogar zeigen, dass im Grunde keiner der therapeutischen Ratschläge ohne professionelle Unterstützung umsetz-
bar erscheint.

AN DER EIGENEN PERSON ARBEITEN

Beziehungsarbeit muss, nach Auffassung der meisten Therapeuten, verschiedene Bereiche umfassen. Dazu gehört unter
anderem die Arbeit an der eigenen Person.

HEILUNG FRÜHKINDLICHER VERLETZUNGEN

Auch zu dieser Aufgabe liefert der Paartherapeut Moeller an-
spruchsvolle Ratschläge, in deren Mittelpunkt die Verarbeitung
der individuellen Vergangenheit steht:

Die vielleicht stärkste innere Behinderung des offenen Umgangs
mit sich selbst und anderen (...) ist am besten mit einem einzigen
Wort umrissen: Verletzung. Ich meine die inneren seelischen
Verwundungen der frühen Kindheit. (...) Wer seine Verletzungen
abheilen möchte, muss sich ihnen öffnen. Das Zulassen der
eigenen Verwundungen und der eigenen Verwundbarkeit steht
somit im Zentrum einer glücklichen Beziehung. Das ist für
viele ein starkes Stück.[22]

Inhaltlich ist der Rat, innere Wunden abzuheilen, um die Beziehung vor den Folgen frühkindlicher Verletzungen zu bewahren,
kaum zu beanstanden. Ohne Zweifel werden Partner, die sich in

ihren Beziehungen relativ frei von alten Wunden verhalten können, weniger Stress produzieren und mehr Gelassenheit an den Tag legen. Ihr Vertrauen bleibt erhalten, auch wenn der Partner zur verabredeten Uhrzeit nicht nach Hause kommt, sie können im Extremfall sogar einen Seitensprung des Partners verkraften. Wie aber sind sie an diese beachtliche Fähigkeit gelangt, die Verwundungen ihrer Kindheit offen zu legen, und wie ist es ihnen gelungen, sie zudem noch abzuheilen?

Betroffene sind zu einer entsprechenden Selbsttherapie wohl kaum in der Lage. Da könnte eine professionelle Therapie hilfreich sein, aber einen »Waschgang« kann Therapie nicht bieten. Die Individualtherapie kann lediglich versuchen, diejenigen seelischen Verwundungen der frühen Kindheit zu heilen, die durch aktuelle Lebensprozesse offen gelegt sind. Alle anderen Verletzungen werden so lange vom Mantel der Verdrängung geschützt, bis sie eines Tages, durch den Seitensprung eines Partners oder andere existenzielle Ereignisse, urplötzlich aktiviert werden. Was den Partnern zum guten Umgang miteinander empfohlen wird – sich den eigenen Verletzungen öffnen – ist demnach nicht nur ein »starkes Stück«, sondern auch ein echtes Langzeitprojekt, das frei von therapeutischer Begleitung kaum zu bewältigen sein wird.

SELBSTLIEBE

Durch seelische Wundheilung wird indes nur ein kleiner Teil der Arbeit an der eigenen Person erledigt. Weitere Anforderungen formulieren hier stellvertretend die Psychologen und Therapeuten Eva Jaeggi und Walter Hollstein:

Jeder dieser beiden Menschen in der Paarbildung ist zunächst einmal verantwortlich für sich, dafür, dass sie/er »okay« ist, dafür, dass er das, was er immer wieder für sich tun muss, nicht an den anderen delegiert. Paarbildung impliziert damit nicht nur als

Voraussetzung, sondern als alltägliche »Hygiene« die Selbstliebe und die Selbstverantwortung der Partner.[23]

Diese Aussage, Selbstliebe und Selbstverantwortung seien Voraussetzung der Paarbildung und Bedingung der Partnerschaft, erschafft nun wieder Ansprüche, wie sie größer kaum vorstellbar sind. Wie oft bin ich im Laufe der Jahre in Artikeln, Büchern und Fernsehberichten der Behauptung begegnet, nur wer sich selbst liebe, könne auch den Partner lieben? Deshalb ginge es erst einmal darum, sich selbst zu lieben, bevor man Beziehungen erfolgreich führen könne.

Würden Menschen solche Überzeugungen ernst nehmen, könnten sie sich eigentlich erst im letzten Viertel ihres Lebens auf Beziehungen einlassen, zu einer Zeit, da die meisten genügend Selbstliebe und Selbstakzeptanz entwickelt haben. Wer sich allerdings in jungen Jahren auf eine Beziehung einlässt, und das sind bekanntlich die meisten, trägt seine Selbstzweifel unvermeidlich mit in die Beziehung hinein. Mehr noch. Er wird versuchen, Selbstwertdefizite durch die Zuwendung des Partners auszugleichen.

Selbstliebe entsteht aufgrund der verinnerlichten Botschaft: »Du bist liebenswert«. Selbstliebe entsteht im Kontakt mit anderen Menschen, in erster Linie aufgrund liebevoller elterlicher Zuwendung. Wenn aber jemand von seinen Eltern nicht ausreichend Bestätigung erfuhr, versucht er später, die fehlende Bestätigung vom Beziehungspartner zu erhalten. Er wird Kritik nur schwer ertragen können und sich von der Zuwendung des Partners ganz besonders abhängig fühlen. Natürlich führt das zu Beziehungskonflikten. Aber diese sind nicht bloß unvermeidbar, sie erweisen sich sogar als sinnvoll, denn in ihnen kann man lernen, welche Bestätigung man vom Partner erwarten kann und welche man sich selbst wird geben müssen. Man kann das innerhalb einer lang andauernden Beziehung lernen, aber auch innerhalb mehrerer wechselnder Beziehungen.

Wer alte Paare fragt, worauf es in Beziehungen ankommt, erhält meist eine Antwort der folgenden Art: »Man muss den anderen so lassen, wie er ist, verändern lässt er sich nicht.« Die alten Partner haben zumeist gelernt, einander zu akzeptieren, was einen positiven Nebeneffekt hat. Wer den anderen mit dessen Eigenarten akzeptiert, wird sich ebenfalls zugestehen so zu sein, wie er ist, er wird sich selbst (genügend) lieben. Die alten Partner haben diese Fähigkeit allerdings nicht in ihre Beziehungen mitgebracht, sie haben sie vielmehr in langen, teilweise mühsamen und mitunter schmerzhaften Lernprozessen erworben.

Die Überzeugung, Paarbildung impliziere als Voraussetzung die Selbstliebe, erscheint restlos überzogen. Man könnte allenfalls feststellen, dass Selbstliebe eine gute Voraussetzung für eine Beziehung wäre und vermuten, dass Beziehungen um so mehr davon profitieren, desto mehr davon vorhanden ist.

SELBSTVERANTWORTUNG

Wie sieht es mit der zweiten Forderung des Therapeutenpaares Jaeggi/Hollstein aus, der nach Selbstverantwortung? Auch dieser Anspruch erscheint in der absoluten Formulierung, er sei Voraussetzung der Paarbildung, überzogen zu sein.

Was soll man unter Selbstverantwortung in einer Beziehung eigentlich verstehen? Nehmen wir an, ein Partner ginge fremd und der andere reagiere mit Kränkung und Aggression darauf. Natürlich kann man jetzt sagen, jeder sei für sich selbst verantwortlich, der eine für seine untreue Tat, der andere für die aggressiven Gefühle, mit denen er darauf reagiert. Dem läge allerdings eine sehr abstrakte Betrachtung der Vorgänge zugrunde. Schließlich kommen sowohl die Tat als auch die Reaktion darauf in einer konkreten Beziehung vor. Der untreue Partner könnte darauf hinweisen, dass er noch nie untreu war und dass sein Partner ihm Anlass dazu gab. Der aggressive Partner könnte

darauf verweisen, dass er in anderen Beziehungen nie aggressiv
wurde und behaupten, seine Aggressionen würden vom Verhalten des Partners ausgelöst.

In dem Falle würden beide darauf hinweisen, dass das eigene
Verhalten mit dem Verhalten des Partners zu tun hat und nicht
unabhängig davon geschieht. So verhält es sich tatsächlich. In
einer Beziehung ist jeder für die Gefühle des anderen *mit* verantwortlich. Diese Verantwortung besteht weder im Sinne von
Schuld noch von Verursachung, aber im Sinne der Beteiligung.
Deshalb ist der Betrogene ebenfalls am Betrug beteiligt, auf
eine Weise allerdings, die ihm nicht bewusst ist, und der von
Aggressionen Betroffene ist ebenfalls hieran beteiligt, ebenfalls
ohne genau zu begreifen, wie. Der Analytiker Moeller weist auf
diese Dynamik hin, indem er betont » (...) dass die so ersehnte
Eigenständigkeit, Selbstständigkeit und Autonomie nicht existiert. Alles, was im Paar geschieht, ist von beiden bedingt.«[24]

Was soll man unter diesen Umständen unter Selbstverantwortung verstehen? Wer hat welche Handlung verursacht, be-
wirkt, provoziert? Wo verläuft die Grenze zwischen dem eigenen und dem gemeinsamen Unbewussten? Diese Grenze lässt
sich nicht exakt ziehen. Vielmehr werden die Partner in Auseinandersetzungen herausfinden müssen, wer von ihnen wofür
Verantwortung zu übernehmen bereit ist und wofür nicht.

Bei näherer Betrachtung des Begriffs Verantwortung fällt
das Wort »antworten« ins Auge. Verantwortung erweist sich als
eine Fähigkeit, die im Kontakt mit anderen Menschen und auf
dem Hintergrund sozialer Regeln erworben wird. Die Antwort
der anderen bestimmt den erlaubten Handlungsrahmen, den
Spielraum dessen, was erwünscht oder verurteilt wird. Selbstverantwortung ist demnach nichts anderes als die Vorwegnahme
der Antwort der anderen. Indem jemand soziale Spielregeln
verinnerlicht, kann er vorweg auf seine eigenen Taten antworten und deren Folgen bedenken oder dafür geradestehen.

Welche Spielregeln gelten nun in einer Beziehung? Welches

Verhalten wird in einer konkreten Beziehung wie beantwortet? Wo sind die Grenzen erlaubten oder gerade noch hinnehmbaren Verhaltens? Womit geht ein Partner zu weit? Was ist verantwortbar, ohne die Beziehung zu gefährden? All diese Fragen können pauschal nicht beantwortet werden, das muss für jede Beziehung neu herausgefunden werden, meist durch Trial & Error, also auch durch Konflikte.

AUTONOMIE UND NÄHE AUSBALANCIEREN

Die Arbeit an der eigenen Person ist mit der Bewältigung von Verletzungen und der Entwicklung von Selbstliebe und Selbstverantwortung keineswegs abgeschlossen. Hinzu kommt die Aufgabe, in der Beziehung Autonomie und Nähe auszubalancieren.

ABGRENZUNG

Nähe und Abstand auszubalancieren verlangt von den Partnern einerseits Abgrenzung voneinander und andererseits Hingabe aneinander.

Hingabe ist nicht Unterwerfung, Funktionalisierung, Selbstentfremdung. Um diesem Missverständnis nicht zu erliegen, braucht es ein starkes Ich. Um mich hingeben zu können, muss ich mich erst selbst besitzen. Deshalb ist die Arbeit am eigenen Individuum, die Abgrenzung (...) so unaufgebbar wichtig.[25]

In diesem Zitat formuliert Hans Jellouschek eine eindeutige Bedingung für Hingabe. *Zuerst* müsse man sich selbst besitzen, dann erst könne man sich hingeben. Derart konzeptgerecht funktioniert das Beziehungsleben allerdings selten. Im Gegenteil. Wer im früheren Beziehungsleben, vor allem in der Kindheit, nicht gelernt hat, sich abzugrenzen, wird auf Beziehungen

geradezu angewiesen sein, um das Versäumte nachzuholen. In
seiner Beziehung wird er sich aufgeben, an dieser Selbstaufgabe leiden und aufgrund der Motivation, dieses Leiden zu
beenden, sich schließlich die nötige Unabhängigkeit erobern.

Darüber hinaus ist nicht jeder Partner auf ein starkes Ich
und eine ausgeprägte Individualität angewiesen. Im Dezember
2003 saß ich mit einem Paar in einer Talksendung. Die Partner
beschrieben, dass sie seit 42 Jahren täglich zusammen sind und
alle Lebensbereiche miteinander teilen. Von Abgrenzung war
nicht viel zu bemerken. Diese Partner schöpften ihre Kraft aus
der Paaridentität. Sie hatten ihre Individualität zugunsten der
Paaridentität sicher nicht völlig aufgelöst, aber doch weitgehend zurückgestellt. Zusätzlich betonten sie, eine christliche
Ehe zu führen. Ein wesentliches Merkmal christlicher Ehen
besteht aber nicht in der Betonung von Individualität und Abgrenzung, sondern im Bemühen, den eigenen Willen im so
empfundenen Willen Gottes aufzulösen. Die Beziehung wird
Gottes Wille unterstellt, nicht dem der Partner. Auch dabei
stünden individuelle Ansprüche im Wege.

Wie viel Individualität und Abgrenzung braucht nun eine
Beziehung? Wo verläuft die Grenze zwischen sich hingeben und
sich aufgeben? Dazu lässt sich pauschal wenig Sinnvolles sagen. Manche Partner sind glücklich, gerade weil sie sich selbst
mehr oder weniger aufgeben. Andere brauchen im Gegensatz
dazu die Gewissheit und Erfahrung, als Individuum vorzukom-
men und in ihren Beziehungen nicht zu versinken. Beide Ten-
denzen können Konflikte hervorrufen, denen vorzubeugen kaum
möglich sein wird.

HINGABE

In Beziehungen die Eigenständigkeit zu betonen, entspricht
zwar der aktuellen gesellschaftlichen Tendenz zur Individuali-
sierung, man sollte jedoch annehmen, dass mit dieser größeren

Unabhängigkeit auch mehr Distanz in die Beziehung einzieht, die nicht unbedingt gewollt sein muss. Damit den selbstbewussten und abgrenzungsfähigen Partnern die umfassende Liebe dennoch erhalten bleibt, sollen sie nach Jellouschek die Hingabe als weitere Fähigkeit erwerben:

Die Bewegung ganz von mir weg, ganz auf den anderen hin (die Hingabe) ist aber wiederum etwas, was nicht einfach da ist, sondern eingeübt werden muss, in einem langen »Übungs-Prozess«.[26]

Seit ich diesen Satz gelesen habe, rätsele ich daran, wie man Hingabe üben kann. Schauen wir uns an, was der Therapeut dazu empfiehlt: zum einen das Zwiegespräch im Sinne Moellers und zum anderen eine Übung, in der ein Partner den anderen in seine Welt hineinführt. Wie geht das konkret? Dazu denkt sich der eine Partner eine Initiative aus, etwas, woran er selbst Spaß hat, und der andere lässt sich nun bedingungslos darauf ein. Dabei erlebt er eine positive Überraschung. Freudig verkündet Jellouschek deshalb:

Selbstverwirklichung durch Selbstaufgabe – wer hätte das gedacht. So soll die Übung den Kreislauf des Zwangs, sich gegenseitig zu behaupten, durchbrechen. Sie soll die Erfahrung nahe bringen, dass ich mich von den engen Grenzen meines Ichs befreien kann, wenn ich mich auf die Welt des anderen einlasse.[27]

Beispielsweise, so Jellouschek, könne ein Mann auf diese Weise entdecken, dass ein Tanzkurs wirklich Spaß macht. Und eine Frau könnte sich dem sexuellen Drängen ihres Mannes hingeben und »nach einiger Zeit regt sich auch etwas in ihr« und es wird ein sinnlich-lustvoller Abend. Zuversichtlich verspricht der Therapeut: »So übt man Hingabe ein und entdeckt, dass

darin Selbstverwirklichung liegt.« Dann jedoch stellt er wiederum fest: »Hingabe ist nicht machbar, sie wird letztlich nur
gelingen, wenn es uns geschenkt ist.«[28]

Kann man sie nun einüben, oder wird sie geschenkt? Ich würde
mich Letzterem anschließen und hinzufügen, dass Hingabe ein
Bedürfnis darstellt, dem man nachgibt, und keine Tätigkeit, die
es einzuüben gilt. Hingabe folgt dem Geschehenlassen und
kann nicht getan werden. Abgesehen davon würde ich im Zusammenhang mit Tanzkursen und sexueller Anpassung den
Begriff Hingabe nicht bemühen.

AUTONOMIE

Die Liebe in heutigen Zeiten bedarf zunehmend der Unabhängigkeit, während gleichzeitig die Symbiose möglich bleiben
soll. Darauf verweist auch die Liebesdefinition von Jaeggi/
Hollstein:

(...) dass wir die Liebe erwachsener Menschen in Beziehung und
Ehe (...) als das »Eins-Sein unter der Bedingung, die eigene
Integrität und Unabhängigkeit zu bewahren« definiert haben.[29]

Diese Definition könnte man akzeptieren, wenn sie relativiert
wird. Vielleicht wäre es besser, Liebe als »Eins-Sein unter der
Bedingung, die eigene Integrität und Unabhängigkeit nicht völlig aufzugeben«, zu begreifen. Denn indem die Partner sich
lieben, haben sie selbstverständlich einen Großteil ihrer Selbst-
bestimmung abgegeben. Arnold Retzer drückt das so aus: »Die
Liebe stellt einen radikalen Angriff auf die Vorstellung von der
eigenen Autonomie dar.«[30]
     Doch lassen wir solche Einwände einmal beiseite. Wie nun
sollen Partner ihre Unabhängigkeit angesichts der Tatsache, in
Abhängigkeit voneinander zu leben, konkret bewahren? Die

Zauberformel hierzu lautet: Freundeskreise aufbauen. Die Partner müssten zugleich getrennte und auch gemeinsame Freundschaften pflegen, das brächte ihnen doppelten Gewinn. Die gemeinsamen Freundschaften würden die Paarbindung festigen, während die getrennten Freundschaften Distanz und eine Prise Fremdheit in die Beziehung brächten. Dies würde Neugier aufeinander schaffen, die sich auch erotisch nutzen ließe. Unternehmt viel gemeinsam, aber macht nicht alles miteinander. Bleibt offen füreinander, aber erzählt euch nicht jedes Geheimnis, damit es weiterhin zwischen euch knistert.

Hans Jellouschek liefert recht detaillierte Anweisungen zum Thema Freundschaft. Da wäre »der Aufbau von freundschaftlichen Beziehungen von Paar zu Paar« zu leisten. Daneben sei es wichtig, »dass jeder der beiden Partner einzeln Freunde und Freundinnen hat, die nicht in gleicher Weise Freunde/Freundinnen des anderen Partners sind«. Selbstverständlich sind Freundschaften in »sowohl gleich- wie gegengeschlechtliche Beziehungen« erforderlich, »der Mann soll Freunde *und* Freundinnen und die Frau Freundinnen *und* Freunde haben.«[31]

Man sieht: Die Arbeit für Beziehungsgestalter reißt nicht ab. Neben dem Beziehungsmanagement liegt nun ein Freundschaftsmanagement an. Allerdings erscheint es kaum möglich, den Bereich Freundschaft in der vorgeschlagenen Weise zu managen. Schon deshalb, weil nach getaner Beziehungsarbeit kaum noch Kraft und Zeit bleibt zur Freundschaftsarbeit. Über Freundschaften lässt sich auch nicht einfach willentlich verfügen. Also mahnt Jellouschek: »Der Aufbau von Freundschaften bedeutet eine starke Herausforderung an unsere kommunikative Kompetenz.«[32]

Dem stimme ich zu und ergänze: Wenn Sie über diese Kompetenz nicht verfügen, ziehen Sie drei Felder vor zum Kommunikationsmanagement, dann rücken Sie erneut zur Freundschaftsgestaltung zurück. Fügen Sie dazwischen einen Kurs in Zeitmanagement ein.

Wie wichtig ist es tatsächlich, dass Paare Autonomie und Nähe ausbalancieren? Auch bei diesem Thema lassen sich keine sinnvollen generellen Aussagen treffen. Schließlich gibt es jede Menge Paare, die seit Jahrzehnten eng beieinander leben, nie länger als einen Tag oder eine Woche getrennt waren, nur über gemeinsame Freundeskreise verfügen, alles voneinander wissen und sich trotz oder gerade wegen dieser Dauersymbiose und der damit zusammenhängenden Missachtung paartherapeutischer Ratschläge als glücklich bezeichnen.

GEBEN UND NEHMEN AUSGLEICHEN

Neben der Balance von Autonomie und Nähe soll Beziehungsarbeit auch für einen Ausgleich von Geben und Nehmen sorgen.

Zu diesem Handwerk und »Material« der Liebe gehört übrigens auch alles, was ich als »andere Formen der Liebe« bezeichnet habe: der Dienst an einer gemeinsamen Sache, der Dienst aneinander und füreinander und väterlich-mütterliche Fürsorge füreinander (beides allerdings wechselseitig!). (...) Wenn wir dabei unsere grundsätzliche Ebenbürtigkeit respektieren, werden diese anderen Beziehungsformen ebenfalls der Partnerliebe dienen.[33]

Der Dienst aneinander und füreinander soll sicherstellen, dass jeder Partner gleich viel gibt und nimmt. Die dazu vorgeschlagene väterlich-mütterliche Fürsorge darf allerdings die »Mann/Frau-Beziehung« nicht überlagern, sonst führt sie die Partner in eine kindliche Regression hinein. Es kommt eben darauf an, all das richtig zu handhaben.
Dazu bedarf es natürlich weiterer Fähigkeiten. Die Partner müssen in der Lage sein, ihre Bedürfnisse mitzuteilen. Schon das fällt vielen schwer. Darüber hinaus müssen sie geben und nehmen können. Auch das ist keineswegs selbstverständlich. So

mancher Partner klagt, er bekomme nicht genug vom anderen, während er in Wahrheit nicht fähig ist, etwas anzunehmen. Nehmen und Geben zu lernen ist deshalb oft Gegenstand therapeutischer Bemühungen und geschieht kaum von selbst.

Dass die Bemühungen um den Ausgleich von Geben und Nehmen die Liebe als ein Tauschgeschäft erscheinen lassen, also nicht zur Liebe gehören, sondern im Bereich Partnerschaft anzusiedeln sind, dazu später mehr im Abschnitt »Hantieren mit Geheimnissen«.

GEMEINSAME LEBENSPROJEKTE WÄHLEN

Zusätzlich zur wechselseitigen Fürsorge beschreibt Hans Jellouschek den »Dienst an einer gemeinsamen Sache« als eine jener »anderen Formen der Liebe«, die der Partnerliebe dienen sollen. Andere Therapeuten sprechen in diesem Zusammenhang von der Notwendigkeit zur Wahl gemeinsamer Projekte.

Für heutige Paare wird es immer wichtiger, dass sie ein gemeinsames Anliegen auch jenseits der Familie verbindet. Das kann ein Hobby sein (z.B. gemeinsames Reisen) oder ein religiöses Anliegen (gemeinsame Meditation) oder ein gemeinsames (kommunal)-politisches, kirchliches oder soziales Engagement.[34]

Die Partner sollen Lebensbereiche miteinander teilen, die über ihre persönliche Beziehung hinausgehen, sie sollen gemeinsame Lebensbereiche gestalten. Dabei wird stillschweigend so getan, als unterläge dieses Vorhaben gemeinsamer Willkür. Ist so etwas vorstellbar? Können zwei Menschen, weil sie sich lieben, auch verlässlich gemeinsame Interessenbereiche teilen?

Voraussetzung dafür wäre, dass der Einzelne willkürlich über seine individuellen Interessen verfügen kann. Dazu müsste er in der Lage sein, vernünftig, aufgrund von Überlegungen festzulegen, welche Tätigkeiten ihn erfüllen und welche Projekte ihn faszinieren. So etwas ist jedoch nicht machbar. Ebenso unsinnig wäre es zu behaupten, jemand könne darüber entscheiden, ob ihm Schokopudding oder Wackelpudding besser schmeckt. Vorlieben kann man nicht wählen, man kann sie lediglich *feststellen*. Wenn jemand vom Tennisspielen und nicht vom Angeln oder von Yoga und nicht vom Joggen begeistert ist, kann er daran nichts ändern, er muss es hinnehmen.

Wenn das Individuum seine Interessen nicht wählen kann, gilt das erst recht für ein Paar. Das Paar kann, falls es nicht über vorhandene gemeinsame Interessen stolpert, bestenfalls nach solchen Übereinstimmungen suchen. Finden sich solche, mag das Paar davon profitieren. Wo es aber nichts Gemeinsames zu entdecken gibt, da kann auch nichts Gemeinsames gewählt und gestaltet werden.

In meiner Beratung tauchen regelmäßig Paare auf, die einerseits von der Wichtigkeit gemeinsamer Interessensbereiche überzeugt sind, andererseits solche aber nicht finden können. Diese Paare kommen, weil sie den Machtkampf, in dem jeder seine Interessen durchsetzen will, nicht entscheiden können. Er soll ihr zuliebe durch Museen und Galerien wandern, und sie soll ihn in die Boxhalle begleiten oder mit ihm Marathon laufen. Und das nur, um nicht einsehen zu müssen, dass sie in Bezug auf Freizeitinteressen womöglich nicht zusammenkommen.

DIE SEXUALITÄT LEBENDIG ERHALTEN

Ist die Persönlichkeit aufgrund der beschriebenen Bemühungen auf den neuesten Stand paartherapeutischer Erkenntnisse gebracht, können sich die Partner dem sexuellen Bereich und der Pflege der Leidenschaft zuwenden. Ihre nächste Aufgabe besteht darin, die Sexualität lebendig zu erhalten. Zu dieser Thematik habe ich in *Fünf Lügen die Liebe betreffend* ausführlich geschrieben und will hier nur kurz darauf eingehen.

Die Wichtigkeit des sexuell-erotischen Bereiches wird von fast allen Therapeuten betont, wohl deshalb, weil sich kaum ein Paar dauerhaft problemfrei auf diesem Feld bewegen kann. Einig sind sich die meisten Therapeuten auch in der Überzeugung, dieser Bereich stünde ebenfalls bewusster Gestaltung, der so genannten »Arbeit an der Sexualität« offen. Dazu sei vor allem Zeit nötig. So bemerkt beispielsweise der Therapeut Michael L. Moeller: »Lebendigkeit, Liebe, Erotik, Lust sind als schöpferische Initiative zuallererst eine Frage der entschlossenen Zeitinvestition.«[35]

Moeller steht mit seiner Beschwörung des Zeitfaktors nicht allein dar. Fast durchgängig wird vermutet, die Leidenschaft ginge zurück, weil Partner sich irgendwann keine Zeit mehr dafür nähmen und stattdessen den Fernseher anschalten. Die Beobachtung ist richtig, aber sie ist auch oberflächlich. Warum nehmen sich Partner für etwas so Schönes und Wichtiges wie Lust und Erotik plötzlich keine Zeit mehr? Schließlich ist genug Zeit da. Der Tag hat immer noch 24 Stunden. Am Anfang ihrer Beziehung gelang ihnen diese Zeitinvestition mühelos und frei von jeder Planung, ohne dass der Fernseher dazwischenfunkte.

Man muss wohl davon ausgehen, dass die Paare keine Zeit aufbringen, weil sich etwas, das die Zeitinvestition anfangs nicht bloß ermöglichte, sondern regelrecht erzwang, auf Dauer seltener einstellt. Ich meine das Begehren. Die meisten Langzeitpaare beklagen nämlich nicht den Mangel an sexueller Gelegenheit, sondern den Mangel an Begehren. Diesen von Lustverlust betroffenen Paaren wird der Ratschlag, den Fernseher künftig auszuschalten, wenig helfen.

Die Betrachtung von Lebendigkeit, Liebe, Erotik, Lust als eine von Zeitinvestition abhängige schöpferische Initiative erscheint deshalb verquer. Eine schöpferische Initiative zu ergreifen, beispielsweise ein Gemälde zu erschaffen, erfordert natürlich einen gewissen Zeitaufwand. Doch wie Paare sind auch Künstler dazu auf einen inneren Drang angewiesen. Ist dieser

Drang nicht vorhanden, hilft auch Zeit nicht weiter. Dieser als sexuelles Begehren empfundene Drang zum anderen hin war in der Anfangszeit der Beziehung ganz von selbst vorhanden. Er hat als Brücke zur anderen, noch fremden Person gedient. Nun, da Nähe und Intimität hergestellt sind, geht das Begehren ganz von selbst zurück.

Therapeuten ist der spannungsreiche Zusammenhang zwischen Erotik und Alltag, der Widerspruch zwischen Begehren und Bindung nicht entgangen. Sie wissen, dass alltägliche Harmonie die Fremdheit der Partner auflöst und der Preis dafür schwindendes Begehren ist. Deshalb laufen viele der Ratschläge, durch welche leidenschaftliches Erleben zugänglich gemacht werden soll, darauf hinaus, Fremdheit künstlich wiederherzustellen. Wie wäre es beispielsweise mit einer sexuellen Übung im »Verschleiern« (man vergisst dann, dass unter dem Schleier der eigene Partner verborgen ist) und dem anschließenden »Entschleiern« (dadurch kann man den Körper des Partners neu entdecken)?

Bücher mit solchen und anderen flachen Tipps, um den Partner »wahnsinnig zu machen«, erreichen momentan hohe Auflagen. Die amerikanischen Therapeuten Claudia und David Arp beispielsweise liefern packende Ratschläge zur Umsetzung ihres verwegenen Versprechens:

Ihr Liebesleben kann so romantisch, intim, befriedigend und aufregend werden, wie Sie es wollen, aber dazu sind Zeit und echter Einsatz nötig.[36]

Zusätzlich zu Zeit wird nun Einsatz gefordert. Dazu gilt es, die Gewohnheit Nr. 6 (Romantik ins Spiel bringen) zu entwickeln. Probieren Sie etwas Neues aus – man muss nicht immer am selben Ort miteinander schlafen! Tatsächlich? Was für eine interessante und anregende Information! Weitere Tipps haben es ebenfalls in sich. Essen Sie gesund und treiben Sie Sport! Ergreifen Sie die Initiative, arrangieren Sie einen Wochenendtrip! Schreiben Sie einen Liebesbrief! Gönnen Sie dem Partner eine Ganzkörpermassage! Verbringen Sie mindestens eine Stunde mit Reden und Sex! Bringen Sie ein kleines Geschenk mit – einfach so! Nennen Sie zehn Gründe, warum Sie Ihren Partner lieben! Verändern Sie ihr Schlafzimmer!

Nun denn. Ich bin kein Gegner solcher Aktivitäten und Übungen, solange sie dazu dienen, das Spektrum sexueller Verhaltensweisen zu erweitern, und dabei helfen, Phantasien auszuleben. Den Widerspruch zwischen Bindung und Begehren löst man dadurch allerdings nicht auf.

Harmonie kostet Begehren, weil sie die Fremdheit der Partner auflöst. Das bestätigen Therapeuten, indem sie den Partnern empfehlen, nicht nur gemeinsame Erlebensräume füreinander zu reservieren, sondern zusätzlich die individuellen psychischen Unterschiede bewusst aufrechtzuerhalten. Hierzu produziert der weltweit bekannte Autor John Gray eine besonders widersprüchliche Kopfgeburt. Er betont nämlich:

Um die Leidenschaft in einer Beziehung lebendig zu erhalten, müssen wir uns bemühen, unsere Unterschiede zu bewahren und zugleich allmählich die Eigenschaften unseres Partners zu integrieren.[37]

Das ist einer dieser auf den ersten Blick scheinbar sinnvollen Ratschläge, deren Umsetzung sich indes als unmöglich erweist. Der zweite Teil des Ratschlags, der dazu auffordert, die Eigenschaften des Partners zu integrieren, bedarf nämlich keines Bemühens, einmal abgesehen davon, dass so etwas willentlich gar nicht herbeizuführen wäre. Die Integration der Eigenschaften des anderen geschieht ganz von selbst, wenn Partner lange genug zusammenleben. Es heißt dann oft, die Partner würden einander immer ähnlicher werden.

Insofern kann man John Grays Idee zwar nachkommen,

damit dann aber in der Sackgasse landen. Denn wer die Eigenschaften des Partners integriert, löst damit automatisch die
Unterschiede zu ihm auf. Wie soll er sie denn gleichzeitig bewahren? Dazu müsste jemand in der Lage sein, permanent neue
Unterschiede zu produzieren, zudem noch in einem ausge-
wogenen und die Beziehung nicht gefährdenden Maße. Das
Ganze müsste wie ein Fließband funktionieren. Während auf
der einen Seite ständig Eigenschaften des Partners integriert
werden, produziert man auf der anderen Seite ständig neue
Unterschiede. Mit dem Ergebnis, dass die Leidenschaft lebendig
bleibt. Eine absurde Vorstellung.

Solche und andere Ratschläge zur Belebung der Sexualität
kranken an der ihnen zugrunde liegenden Überzeugung, Sexualität gehöre zur Paarbeziehung und drücke diese aus, und
deshalb hätten Partner mit einer guten Beziehung automatisch
auch eine gute Sexualität miteinander. Der Heidelberger Therapeut Ulrich Clement ist da anderer Meinung:

Die Annahme, dass Sexualität auf Beziehung rückführbar ist, dass
die sexuelle Dynamik also im Kern durch Paardynamik erklärbar
ist, ist therapeutisch aber nur begrenzt produktiv, empirisch und
theoretisch ist sie unzutreffend (...) Guter Sex und gute Beziehung haben nur teilweise etwas miteinander zu tun.[38]

Die sexuelle Verbindung der Partner kann natürlich durch Konflikte aus anderen Beziehungsbereichen gestört sein. In solchen
Fällen mag sich eine Konfliktbearbeitung befreiend auf die
Partnersexualität auswirken. Aber das ist keinesfalls gesichert
und muss in jedem Einzelfall herausgefunden werden.

Wie man es dreht und wendet – die »Arbeit an der Sexualität!« trägt ihre Bezeichnung zu Recht. Sie ist mühselig und
wenn überhaupt, dann ist sie wie die übrige Beziehungsarbeit
nur mit therapeutischer Begleitung zu bewältigen.

DIE KOMMUNIKATION PERFEKTIONIEREN

Ein weiteres Aufgabenfeld der Beziehungsarbeit besteht in der
Perfektion der Kommunikation, worunter fast ausschließlich
verbale Kommunikation verstanden wird. Dem verbalen Austausch der Partner wird allgemein eine immense Bedeutung
verliehen. Um ihre Beziehung vor Schaden zu bewahren, so
wird gesagt, müssten die Partner regelmäßig und intensiv miteinander sprechen.

Michael L. Moeller hat zum Training der intimen Partnerkommunikation eigens die so genannten Zwiegespräche entworfen und der Entwicklung und Vermittlung dieser Gesprächs-
kunst einen wesentlichen Teil seines Lebenswerkes gewidmet.
Er meinte nämlich erkannt zu haben:

Mir wird heute angesichts der Paare, die aus dem deutschsprachi-
gen Raum zu mir kommen, brennend deutlich, dass der alles
entscheidende Kreislauf der Paare, die wesentliche, wechselseitige
Kommunikation, allgemein zusammengebrochen ist. Das macht
den morschen Kern des Paarlebens aus.«[39]

Das Arge in heutigen Beziehungen liegt demnach am mangel-
haften verbalen Austausch der Partner? Wann hat es diese wesentliche, wechselseitige Kommunikation, die heute zusammengebrochen sein soll, denn gegeben? Bei unseren Eltern? Bei
deren Eltern? Im letzten Jahrhundert? Vielleicht im Mittelalter
oder in der Antike? Davon kann niemand ernsthaft ausgehen.
Der Kern des Paarlebens hat nie aus einer wie auch immer ge-
arteten Kommunikation bestanden. Er wurde eher aus materi-
ellen und emotionalen Abhängigkeiten gebildet.

Im Übrigen kann Kommunikation auch grausam sein. Nicht
wenige Partner bringen einander, sobald sie in eine Krise geraten und sich dort herausreden wollen, in endlosen Gesprächen
um den Schlaf. Sie reden um den heißen Brei herum, weil die

wichtigen Themen zu heiß sind, um angefasst zu werden. Solch
fruchtloses Reden kann dazu dienen, schmerzhaftes Realisieren
zu vermeiden. In ständig wiederkehrenden Schleifen wird sich
darüber ausgetauscht, warum etwas so ist und ob es nicht anders sein könnte, um nicht einsehen zu müssen, *dass es so ist.*
Warum willst du keine Kinder? Warum ist unsere Sexualität
zurückgegangen? Warum willst du nicht, was ich will? Solche
Warum-Gespräche dienen weniger dem Verständnis, sondern
stellen meist hilflose Leugnungs- oder Veränderungsversuche
dar. Die kommunikativen Fähigkeiten der meisten Paare können mit dem Anspruch einer »wesentlichen Kommunikation«
nicht Schritt halten. Deshalb reden sie sich oft nicht aus Problemen heraus, sondern tiefer in sie hinein. Um aus solchen
Sackgassen wieder herauszufinden, ist dann Expertenbeglei-
tung unerlässlich.

Doch selbst wenn es Partnern gelingt, ihre Kommunikation
zu perfektionieren, ist nicht einzusehen, warum das Reden über
die Beziehung diese unbedingt festigen oder verbessern sollte.
Kann man die Qualität und Dauer einer Beziehung herbeire-
den? Wirkt sich Kommunikation unabhängig von ihren Inhal-
ten stets positiv aus? Teilen sich Partner nicht auch das mit,
was sie voneinander trennt und was sie womöglich auseinander
bringt?

Die amerikanische Psychotherapeutin Dr. Catherine Cardinal möchte Paare vor solchen schmerzlichen Realisationen bewahren. Sie behauptet: »Paare, die auf Dauer eine glückliche
Beziehung führen möchten, müssen lernen, effektiv miteinander zu kommunizieren.« Zum Training dieser effektiven Kommunikation empfiehlt die Autorin den aktiven Dialog.

Beim aktiven Dialog verpflichten sich beide Partner dazu, dem
anderen ihre wahren Gefühle, Bedürfnisse und Wünsche mitzuteilen, gleichzeitig jedoch darauf zu achten, weder die Gefühle
noch die Selbstachtung des Partners zu verletzen. [40]

Das klingt annehmbar, aber es liegt ein fetter Widerspruch im Ratschlag. Man soll die Wahrheit mitteilen, ohne den anderen zu verletzen. Wie soll das gehen? Verletzung entsteht, wenn ein Partner die Erwartungen des anderen enttäuscht. So würde beispielsweise die wahre Mitteilung »Ich finde dich nicht mehr begehrenswert« sowohl die Gefühle als auch die Selbstachtung des Partners verletzen. Wie soll man diese Entwicklung dann mitteilen, ohne zu verletzen? Das würde selbst Verbalakrobatik à la »Du bist nach wie vor wunderschön, nur hat sich mein Geschmack verändert« nicht verhindern.

Interessant ist auch die Formulierung der Psychologin, die Partner sollten ihre »wahren« Gefühle mitteilen. Es reicht also nicht aus, seine Gefühle mitzuteilen, wahre Gefühle müssen es sein. Geht die Therapeutin etwa davon aus, Partner würden normalerweise unwahre Gefühle kommunizieren, sich also anlügen? Nein, sie meint sicherlich, Partner sollten die tiefsten ihrer tiefen Gefühle offenbaren, die Gefühle hinter den Gefühlen. Auch eine gute Idee, nur leider undurchführbar. Menschen können nämlich nur die Vorgänge mitteilen, die ihrem Bewusstsein nahe kommen oder in dessen Zentrum rücken. Über unbewusste Vorgänge, und dazu gehören auch unbewusste Gefühle, kann man nicht sprechen. Was man nicht weiß, kann man nicht mitteilen.

Das erlebte ein Paar, das zu mir in die Beratung kam. Die beiden hatten sich elf Jahre lang hervorragend verstanden. Auf ihrer Geburtstagsparty fing die Frau an – sie war angetrunken –, sich heftig mit dem Freund ihres Mannes zu küssen. Erst aufgrund dieses Erlebnisses realisierte sie, wie sehr ihr Zärtlichkeit fehlte, und das bereits seit zwei Jahren. Ihr Mann warf ihr nun vor, sie hätte das früher sagen können. Aber das konnte sie nicht, weil sie es selbst nicht bemerkte, sondern ihr Bedürfnis wegrationalisierte. Nachdem der Alkohol ihre Kontrollfähigkeit vermindert hatte, brach sich das Bedürfnis im Küssen Bahn. Der Vorwurf an die Frau, sie hätte das wissen und mitteilen können, geht ins Leere. Ebenso sinnlos wäre es, dem Mann vorzuwerfen, er hätte das Bedürfnis seiner Frau von sich aus wahrnehmen können. So funktioniert das nicht. Verbale Kommunikation ist auf bewusste Wahrnehmung begrenzt.

Demnach sind generelle Ratschläge zur Kommunikation mit Vorsicht zu genießen. Der amerikanische Psychologe John Gray bietet dennoch zahlreiche solcher vereinfachten und fragwürdigen Tipps an, etwa den folgenden:

Eine Frau braucht Tag für Tag die verbale Bestätigung, dass sie geliebt wird. Dabei gibt es im Grunde nur eine Möglichkeit, ihr dies zu sagen. Die lautet: »Ich liebe dich.« Dies muss sie wieder und wieder hören. Manchmal hört ein Mann auf, dies zu sagen, und meint, damit originell zu sein.[41]

In unzähligen amerikanischen Filmen tauchen Paare auf, die sich ständig versichern »I love you«, was meist ziemlich belanglos wirkt. Eine solche Beteuerung wird nur Wirkung zeigen, wenn sie in dem Moment, in dem sie geäußert wird, tatsächlich von Liebe getragen ist. Liebt man seinen Partner jeden Tag? Und wenn es so wäre, muss man es ihm tagtäglich versichern? Wohl kaum. Mit seinem flachen Ratschlag stellt John Gray dem Selbstwertgefühl der Frauen und ihrem Wahrnehmungsvermögen ein vernichtendes Zeugnis aus. Frauen sind demnach nicht in der Lage zu *spüren*, ob sie geliebt werden; und sie können keinen Tag in Ruhe überstehen, an dem der magische Satz nicht fällt.

Überhaupt macht es sich John Gray einfach, indem er fast sämtliche Beziehungsprobleme auf die unterschiedliche Kommunikation zwischen »Mars« und »Venus« zurückführt. Bei Gray wird Partnerkommunikation fachgerecht in alle Richtungen breitgetreten, Sätze und Formulierungen für verschiedenste Alltagssituationen werden vorgegeben, und den Lesern wird versprochen, wenn sie nur richtig kommunizierten, würde sich ihre Liebe erhalten. Wenn ich seine Bücher lese, kommt mir unweigerlich die Bemerkung von Martina Roth in den Sinn:

Partnerschaft heute: ein ständiges Verstehensprojekt mit dem Partner unter fachlicher Aufsicht.[42]

Doch Kommunikation ist nicht das Allheilmittel, als das sie dargestellt wird. Sie unterliegt ganz natürlichen Beschränkungen. Halten wir uns noch einmal vor Augen, dass die meisten Prozesse in Beziehungen unbewusst verlaufen. Das Unbewusste lässt aber keine verbale Kommunikation über seine Inhalte zu. Wovon er aber selbst nicht weiß, davon kann auch der bereitwilligste Mensch seinem Partner nicht berichten. Deshalb kann die beste Kommunikation unbewusste Entwicklungen weder verhindern noch ihnen vorbeugen.

Wie zahllose Umfragen zeigen, brauchen Partner zweifellos das Gefühl, sich gut miteinander zu verstehen. Dieses Gefühl entsteht jedoch nicht, indem sich Partner alles mitteilen, sondern eher im Gegenteil, es basiert weit mehr auf Geheimnissen und Verschwiegenem. Würden die Partner alles voneinander wissen, gerieten sie ins Grausen, statt sich lieben zu können. Deshalb betont Arnold Retzer in Bezug auf die Liebe:

Auf die Störanfälligkeit der Liebe durch explizite Kommunikation kann nicht oft genug hingewiesen werden (...)[43] In der Liebesbeziehung muss unter weitgehendem Verzicht auf Kommunikation kommuniziert werden. Sie basiert auf der Überzeugung des Schonverstanden-Habens.[44]

Zur Bestätigung dessen lassen sich Paare anführen, die mangelhaft verbal miteinander kommunizieren und deren Beziehungen trotzdem (oder deswegen) äußerst haltbar sind. Etliche dieser Paare haben gelernt, auf nonverbale Signale zu achten. Sie spüren, was mit dem Partner los ist, und verhalten sich dazu.

Sie sehen einen bestimmten Gesichtsausdruck und wissen aus
Erfahrung, dass sie den Partner jetzt besser nicht ansprechen
und nicht mit Fragen wie »Was ist denn los« oder »Nun sag
endlich, wie es dir geht« bedrängen. Solche nonverbale Kommunikation kann hervorragend funktionieren, und man kann
diesen Partnern nur wünschen, dass sie der Aufforderung zum
rückhaltlosen verbalen Austausch widerstehen.

Natürlich bestreite ich keinesfalls, dass verbale Kommunikation durchaus ihren Wert haben kann. Sie hilft Paaren etwa
dabei, kommunikative Missverständnisse auszuräumen, Missverständnisse, wie sie unvermeidlich in jeder Partnerschaft entstehen. Sie ergeben sich zwangsläufig aus den individuell unterschiedlichen Deutungen von Vorgängen. Darüber hinaus sorgt
eine rollenspezifische Kommunikation zwischen Männern und
Frauen, wie ich sie in meinem Buch »Schluss mit dem Beziehungskrampf«[45] beschrieben habe, für eine beträchtliche Kon-
fliktdynamik.

Missverständnisse ausräumen, Entwicklungen nachvollzie-
hen, ein Stück weit Einblick in die individuellen Wirklichkeiten
bekommen, Sichtweisen austauschen, Hoffnungen und Lebensziele formulieren – dazu taugt partnerschaftliche Kommunikation selbstverständlich. Allerdings braucht sie, wenn es erst zur
Krise gekommen ist, meist professionelle Unterstützung, um auf
fruchtbare Weise stattfinden zu können. Das unterstreicht das
folgende Zitat des Paaranalytikers Michael L. Moeller:

So sagte eine Frau nach drei Jahren Paargruppenanalyse: »Erst
jetzt bin ich in der Lage, wirklich herauszufinden, was ich möchte,
und es meinem Partner auch freundlich mitzuteilen.«[46]

Diese Frau muss über eine hohe Motivation zur Paartherapie
verfügt haben sowie über entsprechende zeitliche und finanzielle Möglichkeiten, und sie wurde von einem der fähigsten
psychoanalytisch arbeitenden Paartherapeuten begleitet. Trotz-

dem hat es drei Jahre gedauert, bis sich diese positiven Resultate einstellten, die allerdings erst einen Bruchteil kommunikativer Gesamtanforderungen erfüllen.

Ob eine freundliche Mitteilung vom Partner und von der Beziehung positiv aufgenommen wird, wie das Zitat es nahe legt, hängt indes mehr vom Inhalt als der Form der Botschaft ab. Kaum jemand wird erwarten, dass der Partner die Mitteilung »Ich möchte allein in Urlaub fahren« nur deshalb begeistert aufnimmt, weil sie freundlich vorgetragen wird.

Man sollte sich deshalb vor der Hoffnung hüten, durch gute Kommunikation sei die Liebe verlässlich zu erhalten. Dies bestätigt der Psychologe Arnold Lazarus, dem es gelang, einem Paar zu effektiver Kommunikation zu verhelfen:

An diesem Punkt schien es, als sei die Therapie erfolgreich gewesen. Statt sich gegenseitig unter Druck zu setzen, gingen die beiden gleichberechtigt miteinander um. Zank und Streit waren durch Diskussion und ›Fair Play‹ überflüssig geworden. Dann jedoch sagte Carol: »Aber es ist so anstrengend.«[47]

Lazarus beschreibt die Therapie des Paares, die vier Monate in Anspruch nahm und es in die Lage versetzte, reibungslos miteinander zu kommunizieren. Nachdem sie gelernt hatten, sich alles zu sagen und alles miteinander auszuhandeln, trennten sich die beiden, weil sie nicht wussten, wofür sie sich derart anstrengen sollten. Es war einfach nicht mehr genug Liebe da. In solch einem Fall taugt die beste Kommunikation lediglich noch dazu, den Trennungsprozess einvernehmlich zu gestalten.

DIE VISION DES ANFANGS HERAUFBESCHWÖREN

Kommen wir nun zu dem Ratschlag, der Partnern nahe legt, von Zeit zu Zeit die Vision des Anfangs heraufzubeschwören. Diese Vision soll an magische Aspekte der Beziehung aus der

Anfangszeit anknüpfen. Da heißt es bei Jellouschek beispielhaft:

Allerdings nützt all unser willentliches Bemühen, all unsere
Arbeit an besseren Beziehungsgewohnheiten nichts, wenn wir
nicht zugleich auch dafür sorgen, dass die Intuition beziehungsweise Vision des Anfangs immer wieder zum Leuchten
kommt. Genauso wichtig ist es allerdings, dass dies nicht
eine einmalige Erinnerung bleibt. Wir müssen dafür sorgen, dass
diese Anfangsvision in unserer Gegenwart immer wieder auftaucht und dass die Liebe auch in unserem Alltag immer wieder
zum Erleben werden kann.[48]

Die Vision vom Anfang soll die Partner an einstige Hoffnungen
und Träume erinnern, an die »zündende Idee, als sich diese Frau
und dieser Mann begegneten«. Konkret empfiehlt Jellouschek
hierzu den »Insel-Rückzug« der Partner in ausschließlich für sie
reservierte Räume und Momente. Das könne beispielsweise der
Sonntagmorgen sein, an dem das Paar alle äußeren Störungen
fern hält und sich ganz aufeinander konzentriert. Dann läuft
alles wie von selbst:

Am Anfang einer Beziehung ist es ja oft das Bedürfnis nach
Sexualität, welches die beiden auf solche Inseln lockt. Aber dieses
Bedürfnis lässt gewöhnlich (...) nach, und so muss es gerade
umgekehrt laufen: Man muss bewusst solche Inseln aufsuchen,
damit Sexualität wieder lustvoll erlebbar wird. (Sexualität) kann
sich einstellen oder auch nicht – und sie wird sich einstellen,
wenn das Paar sich diese Zeit nimmt (...).[49]

Es war sicher nicht allein das Bedürfnis nach Sexualität, das die
Partner anfangs auf ihre Insel lockte. Sie inszenierten symbiotische Verschmelzungen, erlebten zeitlose Augenblicke, erfuh-
ren Selbsttranszendenz und lebten ihre Verliebtheit aus. All das

soll nun »erinnert« und damit auf umgekehrte Weise hervorgerufen werden.

In der Aufforderung zur Inselrückkehr nimmt der therapeutische Umgang mit Verliebtheit fast akrobatische Züge an. Die
Partner haben ihre Insel der Verliebtheit verlassen und sich auf
dem Festland angesiedelt. Mit dem Boot »Erinnerung« brechen
sie von Zeit zu Zeit in die Vergangenheit auf, um sie zur Gegenwart zu machen. Einerseits wird Verliebtheit als Liebe im
Himmel beschrieben, welche in eine Liebe auf dem Boden um-
geformt werden müsse. Andererseits soll sie »in unserer Gegenwart immer wieder« auftauchen, um einer allzu spröde gewordenen Beziehung zu ursprünglicher Frische zu verhelfen.
Einmal heißt es: »Die Verliebtheit ist eine Vision von dem, was
zwischen Frau und Mann sein könnte.«[50] Dann wieder wird
davon gesprochen: »Es kann sich gerade auch herausstellen
(...), dass unsere Verliebtheit auf einem Missverständnis be-
ruhte.«[51]

Verliebte sind sich meist sicher, den richtigen Partner gefunden zu haben, den Partner, mit dem sich alle ihre Hoffnungen
und Bedürfnisse erfüllen werden. Viele dieser Vorstellungen
platzen, wenn die Partner sich näher kommen und besser kennen lernen. Soll man jetzt davon sprechen, ihre Verliebtheit
hätte auf einem Irrtum beruht? Hilft es, sich an die schönen
Tage von damals zu erinnern?

Die Vision des Anfangs heraufzubeschwören hilft sicher
nicht weiter, wenn sich die Liebe der Partner zwischenzeitlich
verwandelt hat; und das ist im Laufe der Jahre eigentlich immer
der Fall. Beispielsweise könnten aus »Liebespartnern« mittlerweile »Lebenspartner« geworden sein. Da scheint es mir sinn-
voller, die Verwandlung der Liebe zu realisieren und sie in ihrer
veränderten Form anzuerkennen und zu leben.

VON DEN HIGH SUCCESSFUL COUPLES LERNEN

Unterstützung erhält die therapeutische Beziehungsarbeit von der Wissenschaft, vor allem durch die in den letzten Jahren zunehmende wissenschaftliche Erforschung so genannter »High Successful Couples«. Darunter muss man sich besonders glückliche Paare vorstellen, die auf geheimnisvolle Weise alles richtig machen. Die Forscher suchen nach Gründen, die diese Paare so außerordentlich erfolgreich werden lassen, und möchten herausfinden, wie sie es schaffen, ihre Beziehungen über lange Zeiträume zu erhalten. Von diesen Vorzeigepaaren sollen dann alle anderen Paare profitieren, indem sie deren Verhalten nachahmen.

Gegen ein solches Vorhaben drängen sich allerdings massive Zweifel auf. Das fängt bei der Auswahl der Vorzeigepaare an. Woran erkennt man ein »hoch erfolgreiches« Paar? Welche »Glückskriterien« werden bei der Auswahl dieser Paare zugrunde gelegt? Wie schwierig solche Fragen zu beantworten sind, darauf weisen die kritischen Bemerkungen von Dr. Arnold Retzer [52] hin:

Was sind erfolgreiche Paare? Woran erkennt man sie? Was muss an denen beobachtet werden? Kann Erfolg überhaupt beobachtet werden und vor allem: Wer ist der Beobachter, der als maßgebende Messgröße für Erfolg auftreten darf: der paartherapeutische Spezialist? Welcher therapeutischen Schule? Der Statistiker, der Liebhaber der großen Zahlen (Scheidung als [Miss]Erfolg, Anzahl der Kinder als [Miss]Erfolg, Anzahl von sexueller Begegnung im Monat als [Miss]Erfolg ...) oder kann es gar dem paartherapeutischen Laien, d.h. dem Paar selbst überlassen werden, über Erfolg und Misserfolg seiner Paarbeziehung zu werten? Was aber, wenn die beiden Beteiligten an einer Paarbeziehung nicht zum gleichen Ergebnis kommen? Ist das dann Ausdruck eines erfolgreichen oder eines misserfolgreichen Paares?

Schon die Definition des erfolgreichen Paares kann zum Dilemma werden. Da man Glück apparativ nicht messen kann, muss man wohl auf objektive Daten wie beispielsweise die Beziehungsdauer und auf die subjektive Selbsteinschätzung der betreffenden Paare zurückgreifen. Wer lange zusammen ist, sich als glücklich bezeichnet und ein gewisses Beziehungsgleichgewicht glaubhaft machen kann, der gehört zu diesen Vorzeigepaaren.

Wie aussagekräftig ist es aber, wenn sich Paare als glücklich bezeichnen? Ich erinnere mich an unzählige Paare aus meiner Beratung, die entsetzt feststellen mussten: »Wir haben so viele Jahre glücklich miteinander gelebt, und mit einem Schlag (gestern, letzte Woche, letzten Monat) ist alles zusammengebrochen!« Eine Frau erklärte mir, warum sie ihren Mann nach acht glücklichen Ehejahren aufgrund eines einzigen Seitensprungs ihrerseits verließ: »Ich bin wohl nur deshalb die ganze Zeit glücklich mit ihm gewesen, weil ich nichts anderes kannte.« Ein Mann war völlig schockiert, als er sich nach 20 Ehejahren in eine andere Frau verliebte. »Die Tür ging auf, sie kam herein, und in dem Augenblick habe ich sie erkannt. Es war, als hätte ich schon lange auf sie gewartet. Ich verstehe das selbst nicht, ich habe nur glückliche Jahre mit meiner Frau verbracht und bereue keinen einzigen Augenblick mit ihr. Und dann so etwas!«

Solche Beispiele zeigen, dass weder vergangenes noch gegenwärtiges Glück eine Garantie für zukünftiges Glück liefern kann. Das Ende des glücklichen Paares kommt mitunter jäh und unerwartet. Deshalb steht das Glück erfolgreicher Vorzeigepaare womöglich bereits in dem Augenblick auf wackeligen Beinen, in dem sie die Fragebögen der Forscher ausfüllen.

Die Auswahl glücklicher Paare für die Forschung ist demnach fragwürdig. Noch problematischer erscheint es, aus dem beobachteten Verhalten glücklicher Paare allgemein gültige Ratschläge für unglückliche Paare zu destillieren.

Beispielsweise beobachten Wissenschaftler, dass glückliche

Partner einander Blumen schenken. Daraus ziehen sie einen
scheinbar nahe liegenden Rückschluss: Wer einander Blumen
schenkt, erhält seine Beziehung glücklich. Etwas Derartiges
empfiehlt beispielsweise der Hamburger Professor Erich H. Witte,
nachdem er 500 Paare im Alter zwischen 18 und 80 Jahren
nach ihren Beziehungserfahrungen befragte. Im Informationsdienst des Bundes deutscher Psychologen wurden seine Erkenntnisse folgendermaßen dargestellt:

Auch wenn es hierzu kein allgemeingültiges Rezept gibt, so hat
Witte dennoch fünf Säulen der Liebe und der stabilen Partnerschaft herausgefunden. Hierzu zählen auch die kleinen Dinge
des Lebens wie Blicke, Gesten und liebevoller Körperkontakt.
85 Prozent der Befragten sind diese Dinge wichtig. Aber auch
durch kleine Aufmerksamkeiten, persönliche Geschenke nicht
nur an kalendarischen Pflichttagen (...) oder einfach ein paar Blumen zwischendurch signalisieren sich 75 Prozent der befragten
Paare ihre Zuneigung und Nähe.[53]

Der Wissenschaftler weiß aufgrund der Auswertung zahlreicher Fragebögen, wie Partner einander ihre Zuneigung und
Liebe ausdrücken. Indem sie einander Geschenke in Form von
Blumen, Gesten und Berührungen machen. Was lässt sich damit anfangen? Der einzig sinnvolle Ratschlag hieraus könnte
sich an Paare wenden, die nicht wissen, wie sie ihre Liebe
ausdrücken könnten, die beispielsweise klagen würden »Ich
liebe meinen Partner, aber ich weiß nicht, wie ich ihm das zeigen kann«.

Für Paare hingegen, die ihre Liebe erhalten wollen, taugt
der gleiche Ratschlag nicht. Es sei denn, man setzt Liebe *ausdrü-
ckende* Handlungen mit Liebe *erhaltenden* Handlungen gleich.
Dann in der Tat würden »kleine Aufmerksamkeiten, persönliche
Geschenke nicht nur an kalendarischen Pflichttagen oder einfach ein paar Blumen zwischendurch« das Feuer der Herzens-

liebe immer wieder aufs Neue entfachen, und die Partner könnten sich ewig daran wärmen. Anderenfalls müsste man den Standpunkt vertreten, dass nur eine Liebe, die Ausdruck findet, erhalten bleibt. Eine solche Behauptung ergäbe aber keinen Sinn, weil sie lediglich feststellen würde »Nur wer liebt, kann seine Liebe erhalten«. Das, womit man Liebe ausdrückt, ist nicht das, was Liebe erhält. Wenn ein klar umrissenes Verhalten in der Lage wäre, zum Erhalt der Liebe beizutragen, wäre die Dauerhaftigkeit von Partnerschaften wahrhaftig kein Problem. Dann würde es helfen, so genannte erfolgreiche Paare zu kopieren.

Dieser Gedanke wirft die nächste Frage auf. Ist es überhaupt möglich, ein bei anderen Menschen beobachtetes Verhalten nachzuahmen? Unterstellen wir einmal, dass die glücklichen Paare tatsächlich über herausragende Fähigkeiten verfügen, beispielsweise über eine effektive Kommunikation. Wie sind sie an diese Fähigkeiten gelangt? Sie werden sie in ihren Ursprungsfamilien erlernt haben, in einem Rahmen, in dem sie sich fast zwei Jahrzehnte lang aufhielten und der ihnen als permanentes Übungsfeld diente. Wie aber sollen lernbereite Paare entsprechende Fähigkeiten entwickeln? Aufgrund von Empfehlungen wird das kaum möglich sein.

Das gilt auch für alle anderen Ratschläge aus der Beobachtung von Peer-Couples, die zur Nachahmung empfohlen werden, wie etwa Humor zu zeigen, die eigenen Gefühle zu beherrschen, die Stimmungen des Partners wahrzunehmen und darauf einzugehen und so weiter und so fort. So etwas kann man tun, wenn man es kann, nachmachen kann man es keinesfalls.

Abgesehen davon wären die Langzeitliebenden ihrer Probleme selbst dann nicht enthoben, wenn ihnen die Verhaltensnachahmung gelingen könnte. Ganz im Gegenteil. Es würden sich neue Schwierigkeiten, dieses Mal aus der Beziehungsdauer, ergeben, worauf zwei Therapeuten hinweisen:

Ein Problem hat das ideale Paar (Peer-Couple) leider doch: Die
beiden werden einander emotional und mental so vertraut,
so nah, dass die Spannung abnimmt, die es für sexuelle Anziehung
nun mal braucht. Erobern wollen wir doch nur das fremde, das
unbekannte, da neue Terrain. Das heißt: Beide brauchen die Bereitschaft, sich aus eigener Kraft immer wieder zu verändern,
um die Neugierde des anderen mit neuen Mitteln wach zu kitzeln.
Wie das geht, erfahren Sie auf Seite 118.[54]

Der absurden Vorstellung, sich bewusst selbst zu verändern, um
die Neugier des Partners wach zu halten, sind wir schon beim
Thema Sexualität begegnet. Der letzte Satz des obigen Zitats
legt nun das ganze Dilemma solcher Beziehungstipps offen:
Jeder neue Ratschlag setzt seinerseits den Erwerb neuer Fähigkeiten voraus. Wie das geht, wird dann »auf Seite 118« erläutert,
ganz so, als ob es sich dabei um Kleinigkeiten handeln würde.
Heraus kommt ein ganzer Rattenschwanz von Tipps, deren Umsetzung sich als unmöglich erweist, schon allein deshalb, weil
man komplexes Verhalten nicht aufgrund theoretischer Erläu-
terungen entwickeln kann.

   Betrachten wir den obigen Ratschlag einmal genauer. Um
die sexuelle Spannung zu erhalten, sollen die Partner sich »aus
eigener Kraft immer wieder verändern« mit dem Ziel, »die Neugierde des anderen mit neuen Mitteln wach zu kitzeln«. Wie
macht man so etwas? Beschließt man, ab morgen ein humor-
voller oder ein sensibler oder ein selbstbewusster Mensch zu
sein? Löst man 30, 40 oder 50 Jahre an Lebenserfahrung, Wahr-
nehmungsstruktur und Verhaltensfestlegung in einem Willens-
akt auf? Ersetzt man seine Persönlichkeitsstruktur durch eine
andere? Woher bekommt man diese? Aus schlauen Büchern?

   Es erscheint unfassbar, dass Psychologen solche Empfehlungen verfassen. Darin werden sämtliche psychologischen und
neurophysiologischen Erkenntnisse über die Veränderungsfähigkeit des Menschen ignoriert. Menschen verändern ihre

Persönlichkeit nach Abschluss der Kindheit und mit zunehmendem Alter kaum noch. Wenn der Kraftakt einer Persönlichkeitsveränderung dennoch gelingt, dann nicht, weil sich jemand das vornimmt, sondern weil ihn tief greifende Lebenskrisen dazu zwingen. Diese praktische Erfahrung langjährig arbeitender Therapeuten wird von der aktuellen Hirnforschung bestätigt:

Der Grad möglicher Veränderung nimmt mit zunehmendem Alter rapide ab, und es bedarf dann dramatischer Lebenskrisen, wenn es im Erwachsenenalter noch zu größeren Veränderungen kommen soll.[55]

Aus bloßer Absicht vermag sich kein Mensch zu verändern. Da bleibt die beste Absicht im Appell stecken und am Abend ist der morgendliche Vorsatz, »ab heute ein anderer« zu sein, bereits vergessen. Selbst wenn so etwas Absurdes möglich wäre, ergäben sich daraus neue Probleme. Es bestünde nämlich die Gefahr, nun zwar für den Partner interessant, aber nicht mehr »man selbst« zu sein. Dann hätte man sich der Beziehung zuliebe selbst verraten.

Die zum Erhalt einer Vorzeigebeziehung geforderte Veränderungsfähigkeit müsste demnach zumindest drei Kriterien erfüllen: Sie müsste dem Partner und einem selbst gerecht werden, und der Vorgang bewusster Selbstveränderung müsste periodisch wiederholbar sein. So etwas hinzubekommen wäre in der Tat eine strategische Meisterleistung, ein vollkommener Akt des »Self-Design« und des geschickten Beziehungsmanagements.

Wie man sieht, taugt die Untersuchung angeblich rundum glücklicher Idealpaare nicht, um daraus allgemeingültige und umsetzbare Rezepte zur Beziehungsarbeit zu gewinnen. Darauf weist auch das Zitat der Therapeutin Rosmarie Welter-Enderlin hin:

Ich habe den Traum längst ausgeträumt, durch Wissenschaft oder therapeutische Kunst ließe sich eines Tages feststellen, welche Art von Persönlichkeit oder Paarkonstellation bessere oder schlechtere Entwicklungschancen habe.[56]

Weder wissenschaftliche noch therapeutische Ratschläge, von denen ich hier die wichtigsten betrachtet habe, lassen sich entsprechend befolgen. Doch nicht alle Experten gehören zu den Vielversprechern, wie das folgende Zitat des amerikanischen Psychologieprofessors Arnold Lazarus belegt:

So manche therapeutische Autorität vertritt den Standpunkt, dass fast alle beliebigen Paare eine Ehe miteinander führen können, wenn sie sich an folgende Grundregeln halten. *Zu vermeiden sind:* Etikettierungen, Anschuldigungen, verurteilen, anklagen, dem anderen Fehler nachweisen, fordern, ignorieren, angreifen. *Zu verwirklichen sind:* loben, Komplimente machen, zuhören, diskutieren, danken, helfen, verzeihen. Hält man sich an diese Regeln, sind Harmonie und Eheglück fast garantiert. – *Welch ein Unsinn!* (...) Es gibt keine festen, unverbrüchlichen Regeln, die für alle Ehen gelten können.[57]

Lassen Sie mich zum Abschluss dieses Abschnitts, in dem ich einige Schwierigkeiten und Widersprüche der Beziehungsarbeit beschrieben habe, noch eines betonen: Ich habe die Schwierigkeiten mit wissenschaftlich und therapeutisch fundierter Beziehungsarbeit nicht mit dem Ziel beschrieben, deren Nutzen im konkreten Fall zu leugnen. Therapeutische Begleitung kann Beziehungsarbeit sinnvoll und fruchtbar machen. Ich möchte mit meinen Ausführungen jedoch darauf hinweisen, dass die Vorstellung, eine Beziehung zielgerichtet beeinflussen zu können, ein frommer Wunsch ist. Ebenso wie die Vorstellung, therapeutische Konzepte ließen sich von Laien auf fruchtbare Weise in ihren Beziehungen verwerten.

KONZEPTE UND IDEALISIERUNGEN IN DER PAARTHERAPIE

Professor Arnold Lazarus:
Zahlreiche Berater, Psychologen, Psychiater und sonstige Helfer haben genauso falsche Konzepte im Kopf wie ihre Klienten.[58]

Bevor ich den Eindruck erwecke, ein Gegner der Paartherapie zu sein, der ich keineswegs bin, möchte ich auf eine grundlegende Fragestellung dieses Buches hinweisen. Sie lautet nicht: »Ist Paartherapie sinnvoll?«, sondern: »Macht es für Paare Sinn, sich in ihrem Beziehungsalltag an paartherapeutischen Konzepten zu orientieren?« Schließlich nimmt nur ein Bruchteil aller Paare Paartherapie in Anspruch. Da drängt sich natürlich die Frage, ob die angebotenen Konzepte sich auf den Paaralltag übertragen lassen, geradezu auf.

PAARTHERAPEUTISCHE KONZEPTE

Solche therapeutisch fundierten Konzepte sind in den zahlreichen Zitaten, die ich der Beziehungsliteratur entnommen habe, angedeutet. In manchen Büchern sind sie ausdrücklich formuliert, in anderen in den Ausführungen der Autoren und Psychologen indirekt enthalten. Man kann sie an strategischen Anweisungen erkennen, die in Wenn/Dann-Sätze gekleidet sind: »Wenn ihr x wollt, müsst ihr y tun.«

In den Zitaten dieses Buches sind etliche solcher Formulierungen aufgetaucht, beispielsweise: »Wenn du eine lebenslange Beziehung willst, dann musst du sie von neurotischen Anteilen befreien«, oder: »Wenn du lebendige Sexualität haben willst, dann musst du die Routine durchbrechen«, oder: »Wenn die

Liebe halten soll, dann musst du Hingabe entwickeln.« Aufgrund ihrer Annahmen glauben Therapeuten, die Erfüllung partnerschaftlicher Wünsche sei an Bedingungen geknüpft, und sie versprechen die Erfüllung ihrer Wünsche denjenigen, die ihren Konzepten folgen.

In Konzepten werden die Beobachtungen, Erfahrungen, Deutungen, Annahmen, einschließlich politischer, religiöser und philosophischer Einstellungen ihrer Entwickler zusammengefasst. Konzepte sind Instrumente, auf die Experten nicht verzichten können. Sie sind Geländer, an denen sie sich festhalten und an denen sie im Dschungel der Paarbeziehung Orientierung suchen. Weil sie aber keinesfalls Wahrheiten liefern, sondern lediglich Erklärungen bieten, sollte man ihnen mit entsprechender Vorsicht begegnen. Das möchte ich an zwei Beispielen erläutern. Am weniger bekannten Konzept der Paarsynthese und am bekannteren Konzept von den Ordnungen der Liebe.

SÄULEN DER PAARBEZIEHUNG

Der psychologische Psychotherapeut, langjährige Paartherapeut und Ausbilder Michael Cöllen hat mit der »Paarsynthese« ein Konzept der Paartherapie entworfen, in dem nach seinen Worten die »Suche nach einer Lehre vom Menschen, die das Menschsein aus den Gesetzen der Polarität von Mann und Frau ableitet«[59], stattfindet. Der Therapeut hat die Paarbeziehung zur lebenslangen Lernaufgabe erklärt. Das Fundament seiner Paarsynthese bilden fünf Dialogsäulen, durch welche Partner miteinander verbunden sind: der Körperdialog, der Gefühlsdialog, der Sprachdialog, der Sinndialog und der Zeitdialog. Cöllen verspricht diesbezüglich:

Je intensiver diese Dialogsäulen gleichzeitig aufgebaut und vollzogen werden, umso dichter, umso aufrichtiger, umso intimer wird der Dialog. Ist eine Säule zu schwach ausgebildet oder fällt gar um, bringt sie gemäß dem Dominoeffekt auch die anderen in Gefahr und schließlich zum Einsturz. Die gute Nachricht daran: Sind im Ehekrieg alle Säulen zerstört worden, kann in der Ehetherapie gezielt zunächst eine Säule wieder aufgerichtet werden. Die anderen richten sich dann ebenso wieder auf.[60]

Nun liegt es an den Paaren, dem Konzept zu folgen und den Aufbau der fünf Dialogsäulen »zu vollziehen«. Stürzt dabei eine Säule um und reißt andere mit sich, sorgt die Paarsynthese für einen umgekehrten Dominoeffekt und hebt die Schwerkraft auf. Indem man die eine Säule aufrichtet, folgen die anderen wie von selbst, und die Paarbeziehung ist gerettet.

Das Wenn/dann-Versprechen ist hier leicht zu erkennen. *Wenn* die Partner sich an das Konzept der Paarsynthese halten, *dann* wird in ihrer Liebe alles möglich sein. Denn Cöllens Ansatz »öffnet mit inneren und paardynamischen Methoden den Weg zur immer neuen Verschmelzung von Körper, Geist und Seele«. Wer sich daran hält, hat den Schlüssel zum »Beleben und neue Leidenschaft wecken, retten, heilen, verzeihen und versöhnen« in der Hand.[61]

Wer meint, da würde zu viel versprochen, irrt. Michael Cöllen hält dagegen:

»Dabei ist es gar nicht so schwer, die eigene Paardynamik lebendig zu erhalten. Es braucht nicht übermenschliche Anstrengungen und kein Psychologiestudium.«[62]

Nebenbei müssen lediglich spirituelle, dialogische und tiefenpsychologische Dimensionen, fünf Therapiezyklen, fünf Dialogsäulen und vier Partnerstrategien im Auge behalten werden. Ein Kommentar zur Tauglichkeit dieses Konzeptes für den Paaralltag erübrigt sich. Wenn irgendetwas von Cöllens Ansatz dorthin transportiert werden kann, dann sicher nur mit Exper-

tenhilfe, ansonsten wird man damit rein gar nichts anfangen
können.

ORDNUNGEN DER LIEBE

Wenden wir uns einem anderen Konzept zu. Der Psychologe
und Autor Otto Brink beruft sich darauf, wenn er in seinem
Buch *Spielregeln der Partnerschaft* davon schwärmt, »Männer
stärken sich bei Männern, Frauen bei Frauen«.[63] Es ist Bert Hellingers Konzept von den »Ordnungen der Liebe«, einer mehr als
fragwürdigen Umgangsweise mit Familien und Partnerschaften. In der Logik dieses Konzeptes folgt die Frau dem Manne,
der Erstgeborene steht vor dem Zweitgeborenen, es werden
mehrfache Seelenbindungen abgelehnt, und es wird zu lebenslangen Verbindungen aufgefordert. Dieses offensichtlich an der
Vergangenheit orientierte Konzept legt die Partner auf psychische Rollenteilung fest, beispielsweise indem Hellinger sagt:

Beim Vater wird der Sohn zum Mann, der auf das Weibliche
in sich verzichtet hat. Dann kann er sich das Weibliche von einem
Gegenüber, einer Frau schenken lassen, und so kommt eine
Beziehung zustande, die trägt (...). Um Frau zu werden, muss die
Tochter (...) zur Mutter zurückkehren. Dort wird sie zur Frau,
und dann findet sie später auch zum eigenen Mann, von dem sie
sich das Männliche schenken lassen kann.[64]

Das Versprechen hier lautet: *Wenn* du auf das Gegengeschlechtliche in dir verzichtest, *dann* wird es dir in einer Beziehung
geschenkt werden, und deine Beziehung wird tragen. Nach dieser Sichtweise muss man in der sich gegenwärtig vollziehenden
Auflösung traditioneller Rollenteilung eine Fehlentwicklung sehen. Der Rückkehrschluss bedeutet nämlich: Wer sich nicht an
die Rollenteilung hält, kann vom Partner nicht beschenkt werden, und seine Beziehung wird nicht tragen.

Hellingers Blick ist jedoch nicht nur rückwärtsgerichtet, sondern zudem idealisierend, was sich im folgenden Zitat zeigt:

Wenn in einer Paarbeziehung der Mann oder die Frau den anderen nicht zuerst als Frau oder Mann, sondern mehr aus anderen Gründen will, zum Beispiel zum Vergnügen oder zur Versorgung oder weil der andere reich ist oder arm, gebildet oder einfach, katholisch oder evangelisch oder weil er ihn erobern, schützen, bessern oder retten will oder weil er ihn, wie man so schön sagt, als Vater oder Mutter seiner Kinder will, dann ist das Fundament auf Sand gebaut und im Apfel schon der Wurm.[65]

Auch in diesem Zitat ist die Wenn/dann-Bedingung von Konzepten leicht zu erkennen. *Wenn* du eine tragfähige Beziehung willst, *dann* musst du den Partner zuerst als Mann beziehungsweise Frau wollen. Sollten in einer Beziehung Schwierigkeiten auftauchen, kann einfach behauptet werden, die Partner hätten sich eben nicht »als Mann oder Frau gewollt« oder zumindest nicht »zuerst«.

Da wird ein Ideal konstruiert und hochgehalten. Denn wer ist schon in der Lage, die Motive, die seiner Beziehung zugrunde liegen, zu erkennen? Solche scheinbar runden und ausgeklügelten Konzepte sind in der Lage, Menschen ziemliche Kopfschmerzen und noch mehr Leid zu bereiten. So schrieb mir ein Mann, der über Bücher und Seminare mit Hellingers Konzept in Berührung kam:

Bei Hellinger bekomme ich das Gefühl: Ich muss es nur richtig machen, dann werde ich glücklich mit dem richtigen Partner. Nach meinen Erfahrungen hab ich wohl noch nicht den richtigen Partner gefunden. Ich kenne auch keinen, der in diesem Ausmaß so eine Seelenbindung erfährt. Ich fühle mich überfordert. Vielleicht liegt es daran, dass ich viel von Hellinger halte.

Dem Mann möchte ich Recht geben. Er sollte weniger von Hellinger und dessen Konzepten halten, dann würde das Leben einfacher, und er könnte es sich leisten, unperfekt im Sinne der »Ordnungen der Liebe« zu sein. Dieses Konzept schiebt den Einfluss gesellschaftlicher Veränderungen auf heutige Partnerschaften nämlich beiseite und ignoriert beispielsweise, dass die Entwicklung einer Partnerschaft und das Verhalten der Partner keineswegs von den Partnern allein abhängt. Das Nachrichtenmagazin »Der Spiegel« weist auf solche außerhalb der Individuen liegenden Einflussfaktoren auf Beziehungen hin und berichtet, »dass in den USA in den letzten Monaten gleich acht Bücher erschienen, die sich mit dem Phänomen ›sexlose Ehen‹ beschäftigen.«[66] Das Blatt kommt zu dem Schluss, es läge an den veränderten Lebensumständen, dass immer mehr Paare aus dem sexuellen Frust in die sexuelle Enthaltsamkeit flüchten.

Die Lebensumstände verändern sich, aber die Ordnungen der Liebe stehen unbeeindruckt davon fest in der Brandung der Zeit. Viel Kritisches ließe sich zu Hellinger noch sagen. Eine in meinen Augen besonders fundierte Kritik von dessen Therapieansatz formuliert Dr. Arnold Retzer in meinem Interview mit ihm am Ende dieses Buches.

Mit seiner traditionellen Sichtweise auf Beziehungen steht Hellinger allerdings nicht allein. Auch die amerikanische Therapeutin Dr. Catherine Cardinal bemüht sich in ihrem Konzept darum, eine überkommene Rollenteilung aufrechtzuerhalten:

Damit eine Partnerschaft ausgeglichen und »rund« ist, muss einer der beiden die eher »männlichen« Eigenschaften verkörpern (d.h. Eigenschaften wie logisch, bestimmt, dominant, die wir der linken Hirnhälfte zuordnen) und der andere die eher »weiblichen« (also Eigenschaften wie intuitiv, passiv, rezeptiv, die der rechten Hirnhälfte zugeteilt werden).[67]

Als Zugeständnis an die veränderten Lebensumstände wird den Partnern notgedrungen freigestellt: »Ebenso gut kann ein Paar diese traditionelle Rollenteilung aber auch umkehren.« Umkehren ja, aber nicht aufheben. Auch hier taucht die Wenn/dann-Bedingung von Konzepten auf, diesmal in den Worten »*Damit* eine Partnerschaft ausgeglichen und ›rund‹ ist, *muss* einer der beiden die eher männlichen Eigenschaften verkörpern ... und der andere die eher weiblichen«. Nett ausgedacht, aber wohl kaum durchzuhalten, schon gar nicht unter aktuellen gesellschaftlichen Einflüssen.

Endlos ließen sich weitere Beziehungskonzepte aus Büchern zitieren, sie werden in Seminaren offeriert oder lassen sich im TV beobachten.

Mitternacht im deutschen Fernsehen. Ein Paar ist zum Thema »Zweite Chance für die Liebe« eingeladen. Die Partner haben sich nach einer Scheidung wieder verheiratet und werden nun von einem Dr. der Klinischen Psychologie und erfahrenen Therapeuten befragt. Das Paar lebt eine distanzierte Beziehung mit getrennten Wohnungen. Der Therapeut erklärt den beiden (ungefragt) die Vorteile ihrer Beziehungsform und behauptet, da sie die schlechten Tage nicht miteinander teilen müssten, könnten sie ihre Liebe an den guten Tagen besser feiern. Dann blickt er bedeutungsvoll auf das Paar und bemerkt kritisch: »Ich frage mich, was Ihnen entgeht.« Weil die Partner seine Frage überhören, wiederholt er sie und auch seine Einschätzung der Situation. Jetzt wird er von der Frau mit den Worten zurechtgewiesen: »Diese Formulierung, dass wir nur die guten Tage miteinander leben, ist nicht korrekt. Wir treffen uns jedes Wochenende, egal, ob es uns gut miteinander geht oder nicht.« Der Therapeut nimmt sich zurück, wirkt aber unzufrieden.

Warum erzähle ich diese Geschichte? Weil sie beispielhaft zeigt, wie man Paare durch eine Konzeptbrille hindurch wahrnehmen kann. Der Therapeut wurde dem Paar nicht gerecht und war offensichtlich wenig bereit, von ihm zu lernen und gemeinsam die Vorteile und, falls von den Partnern gewünscht, auch die Nachteile der Beziehungsform *dieser beiden* Partner *zu entdecken*. So blieb ihm nur, das Paar in sein Konzept einzuordnen.

Nicht bloß Vorsicht, sondern offenes Misstrauen ist allen Konzepten gegenüber angebracht, die sich auf höheres Wissen, angeblich gesicherte Forschungen und langjährige therapeutische Erfahrung berufen, die also ein besonderes Expertenwissen für sich reklamieren. Arnold Retzer beschreibt dies folgendermaßen:

Es ist immer eine Art von Geheimwissen, das diese Experten als Experten ausweist: Geheimwissen darüber, was eigentlich mit ihren Klienten los bzw. nicht mehr los ist, was diese in Wirklichkeit tun, beabsichtigen und erleben, und vor allem Geheimwissen darüber, wie es richtig geht: das Leben, das Handeln, das Denken und vor allem das richtige Erleben als Paar. Die Quellen dieses Geheimwissens können nun ganz unterschiedlich sein: Eine bestimmte Theorie, eine bestimmte Überzeugung, durch die man die Klienten betrachtet, oder auch eine bestimmte Art von Zugang zu einem Offenbarungswissen, das gleichzeitig nicht allen zugänglich ist, aber den Anspruch auf unbefragbare so genannte Evidenz erheben darf.[68]

Sollte man deshalb alle Konzepte verwerfen? Das wird wohl kaum gelingen und wäre auch nicht sinnvoll. Doch sollte man wissen, dass ein Therapiekonzept wenig mit Wahrheit und oft auch wenig mit dem Alltag der Menschen zu tun hat. Manche Konzepte enthalten natürlich sinnvolle Elemente, aus denen sich hilfreiche Anstöße gewinnen lassen.

Doch zu einem sinnvollen und vor allem nachvollziehbaren System mit entsprechenden Verhaltensanweisungen für den Paaralltag lassen sich die Erkenntnisse und Ratschläge aus der Paartherapie, in welchem Konzept auch immer, nicht verbinden.

Es nützt genauso wenig, Kriterien »guter Partnerschaft« oder »reifer Liebe« aufzustellen wie es nützt, Merkmale »glücklicher Menschen« zusammenzustellen und diese zur Nachahmung zu empfehlen. Aber selbst das haben Psychologen bereits hinbekommen, weshalb mit Unterstützung der »Glücksforschung« emsig am perfekten Menschen gearbeitet wird.[69]

In ihren Konzepten transportiert die Paartherapie meist zwei wesentliche Idealisierungen. Eine davon ist die Idealisierung der Einheit des Paares, die andere die Idealisierung der Dauer einer Beziehung. Wenden wir uns diesen zu.

DIE IDEALISIERUNG DER EINHEIT

Der Idealisierung der Einheit der Partner begegnen wir bei Experten und Laien zwar gleichermaßen, jedoch mit unterschiedlichem Schwerpunkt.

Laien idealisieren die romantische Liebe und möchten am liebsten für immer in der »Himmlischen Einheit« der Verliebten schweben. Experten schätzen demgegenüber die Verliebtheit gering, sie idealisieren vielmehr die Liebe auf dem Boden, die »Irdische Einheit« der Partner. Die dieser Einheit zugrunde liegende personale Liebe habe ich weiter vorn schon beschrieben.

Beiden Vorstellungen liegt ein Mythos zugrunde, der *Mythos der Einheit*. Die größte Hoffnung dieses Mythos besteht darin, die gefühlte und emotional erlebte Einheit mit dem Partner möge für immer erhalten bleiben und mit der Zeit sogar tiefer und fester werden. Die Sehnsucht, mit einem anderen Menschen eins zu sein und auf Dauer eins zu bleiben, liefert zweifellos ein starkes Motiv zur Paarbindung. Allerdings gewinnt heute eine andere Sehnsucht an Bedeutung, die dem Symbiosewunsch widerspricht und am Mythos der Einheit nagt: der Drang zur Individualität und Selbstverwirklichung.

DIE EINHEIT DER PARTNER
IN EINER INDIVIDUALISIERTEN WELT

Der Individualität und Selbstverwirklichung wird mittlerweile
ein derart hoher Wert zugewiesen, dass man fragen muss, ob
sich das Ideal der »personalen Einheit« noch so nahtlos in die
Welt einfügt, wie das früher einmal der Fall zu sein schien. Dahinter steht nämlich die Frage, was eigentlich wichtiger ist: eine
Beziehung oder das Individuum.

Im bürgerlichen Liebesideal war die Einordnung klar. Dort
wurden der Partner und die Beziehung zu ihm über die eigene
Person gestellt. Das lässt sich an einem Zitat des Sexualfor-
schers Kurt Starke erläutern. Er beschrieb in einer Talkshow die
Liebe folgendermaßen: »Liebe ist ganz einfach: Du bist mein
Ein und Alles.«[70] Ohne dich bin ich nichts, du bist mein Ein und
Alles, weil ich durch dich die Einheit finde. Dieser Liebe, in der
sich die Partner gegenseitig in das Zentrum ihres Lebens stellen
und ihrer Gemeinsamkeit Vorrang vor der Individualität geben,
wird meines Erachtens allmählich der Boden entzogen.

Vor kurzem lauschte ich im Radio einer Kindersendung.
Dort wurden Drei- bis Fünfjährige durch eine kleine Geschichte
ermutigt, ihren Omas und Opas nur dann ein Küsschen zu geben, wenn sie selbst das wollen. Statt Unterordnung wird diesen Kindern Selbstbehauptung beigebracht. Sie lernen, eigene
Gefühle denen anderer Menschen entgegenzustellen und sich
als Individuum zu empfinden. Diese Haltung werden sie auf
ihre Beziehungen übertragen.

Welchen Sinn sollte es für die Partner dieser individuali-
sierten Welt machen, den anderen als ihr »Ein und Alles«, als
das Zentrum ihres Lebens zu betrachten? Natürlich werden
auch Individualisten Beziehungen führen, und natürlich wird
ihr Partner wertvoll für sie sein. Sie werden ihm versichern
können: »Du bist wichtig«, oder sogar: »Du bist der wichtigste
Mensch in meinem Leben.« Das symbiotische »Du bist mein

Ein und Alles« wird ihnen bestenfalls Augenblicksempfinden sein.

Dass die Ehe über dem Individuum stand und eine vom Willen der Eheleute unabhängige, höhere Ordnung darstellte, das war noch Ende des 19. Jahrhunderts im bürgerlichen Gesetzbuch festgehalten. Diese Überordnung der Ehe und die damit zusammenhängende Unterordnung der Individuen waren wichtig, solange die Ehe dem wirtschaftlichen und sozialen Überleben der Familie und des Paares diente.

Seit aber die Ehe vorwiegend den Gefühlen der Partner dienen soll, kann sie keine vom Individuum unabhängige, höhere soziale Aufgabe mehr erfüllen. Der »Einheit auf dem Boden« und der »Du bist mein Ein-und-Alles-Liebe« ist die ökonomische Grundlage und damit ihre Notwendigkeit größtenteils abhanden gekommen. Deshalb können Partner heute zusammenleben, ohne ihre Eigenidentität zugunsten der Paaridentität aufzulösen und ohne die eigene Person gegenüber der Verbindung zurückzustellen. Sie brauchen einander schlicht und einfach nicht mehr so dringend, wie das einmal der Fall war.

KUGELMENSCHEN

Wirtschaftlich, so wird eingeräumt, sei die »Einheit auf dem Boden« nicht mehr nötig. Unter psychologischen Gesichtspunkten könne auf die Einheit der Partner jedoch keinesfalls verzichtet werden, durch sie werde der Mensch ganz. Das hätte schon Platon so gesehen, der im »Gastmahl« die Geschichte von den Kugelmenschen überlieferte. Danach waren die Menschen ursprünglich Zwitter, mannmännlich, mannweiblich, weibweiblich, rund wie Kugeln und ungeheuer stark. Selbst die Götter fürchteten ihre Macht. Um sie zu schwächen, halbierten sie die zwittrigen Kugelmenschen und nötigten sie dadurch, ihre Kraft in das Bemühen umzuformen, sich wieder mit der anderen

Hälfte zur ursprünglichen Einheit zu vereinigen. Erst in dieser psychischen Symbiose würden Mann und Frau vollständig.

Platons Erzählung ließe sich aber auch anders interpretieren. Die Menschen wurden geschwächt, indem sie ein geschlechtsspezifisches Rollenverhalten entwickelten. Dadurch wurden die Männer auf männliches, die Frauen auf weibliches Verhalten festgelegt. Den Männern war fortan die Außenwelt, den Frauen die Innenwelt zugewiesen, und sie waren vom Erleben der anderen Hälfte des psychischen Universums weitgehend ausgeschlossen.

In der Wesensergänzung personaler Liebe versuchen Mann und Frau bis heute zweifellos, die psychischen Folgen der geschlechtsspezifischen Rollenteilung aufzuheben. Seit aber die gesellschaftliche Entwicklung in den Industriestaaten die traditionelle Rollenteilung zunehmend aufhebt, seit Frauen ihre männlichen Seiten entwickeln und beispielsweise Managerinnen und Soldatinnen werden, während Männer ihre weiblichen Seiten entwickeln, beispielsweise, indem sie um das Sorgerecht für ihre Kinder kämpfen, wird die innere Kluft zwischen den Geschlechtern kleiner. Frauen benehmen sich wie Männer, und Männer wie Frauen, und sie entwickeln die entsprechenden Gefühle. Diese Entwicklung schwächt den Drang, nach einer psychischen Vereinigung, nach der personalen Einheit auf dem Boden zu streben. Natürlich gibt es diese Sehnsucht auch heute noch, und es wird sie auch in Zukunft geben, aber ihr wird nicht mehr alles andere untergeordnet. Partner wollen ihre Individualität nicht mehr auf dem Altar der Paareinheit opfern.

INNERE HEIMAT

Ein weiteres Argument für die Idealisierung der Einheit lautet, sie würde mittlerweile gebraucht, um Menschen eine innere Heimat zu geben. Schließlich sei die Paarbeziehung der einzig verlässliche Ort in einer ansonsten kaum noch verlässlichen

Welt und würde daher zukünftig an Bedeutung gewinnen. Die Paarbeziehung angesichts weiter steigender Scheidungszahlen als verlässlichen Ort zu bezeichnen, hat irgendwie etwas Verzweifeltes. Nach Gunter Schmidt hat sich die Scheidungswahrscheinlichkeit einer Ehe in den letzten 40 Jahren verdreifacht, und der Trend zur Scheidung hält an.[71]

Das bedeutet nicht, dass die Partner keine Einheit mehr erleben würden. Ihre Einheit ist jedoch emotionaler Natur, sie geschieht jetzt und nicht für immer. Geht dieses Gefühl zu einem Menschen verloren, ist er zukünftig nicht von der Liebe und dem Erleben der Einheit ausgeschlossen. Mit einem anderen Partner ist Gleiches möglich – auch das gehört längst zum Erfahrungsschatz heutiger Partner.

Aus den beschriebenen Gründen halte ich es für restlos überzogen, derart die psychische Einheit der Partner zu beschwören und zu behaupten, sie würde immer tiefer, immer intensiver, je länger die Partner zusammen sind, und deshalb sei es so unersetzlich wichtig, sie zu erhalten. Die Sehnsucht nach Einheit wird auch in Zukunft stark und mächtig sein, aber sie wird die Sehnsucht nach Individualität nicht übersteigen. Partner werden nicht um jeden Preis zusammenbleiben und ihre Verbindung nicht über alles stellen.

DIE IDEALISIERUNG DER DAUER

Neben der Einheit wird allgemein die Dauer von Beziehungen idealisiert. Viele Experten sehen in der Dauer einer Beziehung fast schon einen Wert an sich. Sie schildern Krankheiten, psychische Störungen und frühere Sterblichkeit als negative Folgen einer Scheidung, die deshalb unbedingt vermeiden sollte, wer ein langes Leben anstrebt. Da wird beispielsweise behauptet, unverheiratete Frauen hätten ein um 50 Prozent erhöhtes Sterberisiko, bei unverheirateten Männern wäre es sogar um 250 Prozent erhöht. Solche Betrachtungen sind zumindest ein-

seitig, weil sie das Leid in der Ehe und durch die Ehe außer Acht
lassen.

Die Idealisierung der Dauer wird indes nicht mehr unwidersprochen hingenommen. Nicht zufällig lehnen sich in den USA,
einem Land, in dem die Ehe und ihre Dauer ganz besonders
idealisiert werden, momentan Wissenschaftler gegen die Be-
schönigung der ehelichen Verhältnisse auf. So bezeichnet Laura
Kipnis in ihrem Buch *Against Love* (2003) die Ehe als eine Institution, die »Zwänge maximiert und Freiheit minimiert«. Sie
betont, dass »bei den 50 Prozent der modernen Liebesheiraten,
die nicht in die Brüche gehen, meist nur Sachzwänge – finan-
zieller wie familiärer Natur – ursächlich zu nennen sind«. Der
von Paartherapeuten geforderten Beziehungsarbeit gibt die
Wissenschaftlerin wenig Chancen: »Wer mag schon nach einem
harten Arbeitstag zu Hause weiterarbeiten?!«[72] Es liegt nahe,
das Leid in der Ehe ebenfalls zum Gegenstand wissenschaftlicher Untersuchungen zu machen.

Betrachtet man das reale Beziehungsverhalten der Menschen,
drängt sich der Verdacht auf, dass der Anspruch auf Beziehungsdauer vorwiegend von Experten aufgestellt wird. Die
Partner selbst scheinen mittlerweile Erwartungen aufzubauen,
die sich mit dem Anspruch auf reine Dauer nicht vertragen.
Diese beschreibt der Hamburger Wissenschaftler Gunter Schmidt
aufgrund einer aktuellen Untersuchung von Beziehungen:

Dabei ist der Wunsch nach dauerhaften, ja lebenslangen Beziehungen nach wie vor verbreitet, aber es ist nicht der Wunsch
nach Dauer per se, sondern nach Dauer bei hoher emotionaler
Qualität. Es erscheint paradox, aber es ist so: Die Instabilität
heutiger Beziehungen ist nicht, wie manche Moralisten oder auch
Psychotherapeuten klagen, eine Folge von Bindungslosigkeit
oder Beziehungsunfähigkeit; sie ist vielmehr die Konsequenz des
hohen Stellenwertes, der Beziehungen für das persönliche
Glück beigemessen wird, und der hohen Ansprüche an ihre

Qualität. Dadurch wird die Trennungsschwelle niedriger, und das führt zu multiplen Trennungserfahrungen und dazu, dass heute massenhaft Beziehungen getrennt werden, die früher als gesund und keinesfalls als zerrüttet gegolten hätten.[73]

Schmidts Untersuchung zeigt, dass die Qualität einer Beziehung zunehmend höher bewertet wird als ihre Dauer. Eine emotional weniger intensive Beziehung, beispielsweise eine freundschaftliche Paarbeziehung, wie sie früher angestrebt wurde, scheint vor dem Hintergrund gewachsener Ansprüche heute kaum noch attraktiv zu sein. Beziehungen sollen Intensität und Glück bescheren, und wenn sie das auf Dauer nicht können, verlieren sie an Wert.

Die gestiegenen Ansprüche begrenzen die Dauer einer Beziehung, weil die Langzeitbeziehung dem Wunsch nach höherer Intensität nicht gerecht wird. Seit die Leidenschaft in die Ehe Eingang hielt, nagt sie an ihrer Dauer. Aber das ist weniger dem Einzelnen als dem verbreiteten Eheideal anzulasten, das von den Partnern verlangt, sich umfassend emotional und leidenschaftlich zu lieben.

Beziehungen beruhen heute zunehmend auf Gefühlen. Sie sollen Liebe gewährleisten. Fast sieht es so aus, als ob sie allein diesem Ziel dienen sollen und von anderen Aufgaben befreit sind. Tatsächlich setzt sich allmählich eine neue Beziehungsvorstellung durch, die mit dem Begriff der »reinen« Beziehung beschrieben wird:

Die reine Beziehung wird nicht durch materiale Grundlagen oder Institutionen gestützt, sie wird nur um ihrer selbst willen eingegangen, sie hat nur sich selbst und besteht nur, solange sich beide darin wohl fühlen (...) Dadurch wird ihre Stabilität riskiert, ja, es gehört zu ihrer Reinheit, prinzipiell instabil, episodisch zu sein: Sie verriete ihre Prinzipien, wenn sie Dauer um der Dauer willen anstrebte.[74]

Diese Entwicklung zeigt: Qualität geht mittlerweile vor Dauer.
Qualität kann jedoch nicht garantiert werden. Wenn man bei
der Qualität Abstriche hinnimmt, kann die Dauer einer Beziehung allerdings recht zuverlässig verlängert werden. Dazu gibt
der Soziologieprofessor Hartmut Esser einige nüchterne Hinweise. Er hat, frei von psychologischen Konzepten, aufgrund
soziologischer Daten festgestellt, dass Partner umso länger
zusammenbleiben, desto mehr und desto höhere Barrieren ihnen
den Weg zu einer Trennung versperren. Aufgrund seiner Forschungen rät er jungen Paaren, die eine Langzeitbeziehung
ansteuern wollen, deshalb:

Kein Ehevertrag! Kein Zögern! Geht für den anderen erkennbar ein
Risiko ein, damit er sieht, dass man sich aufeinander verlassen
kann! Zeugt mehrere Kinder! Investiert in gemeinsames Eigentum!
Startet gemeinsame Projekte! Verbringt viel Zeit miteinander!
Am besten im Rahmen vieler gemeinsamer Freunde.[75]

Man kann den direkten Bezug dieser Ratschläge zur traditionellen Ehe in materieller und sozialer Abhängigkeit erkennen.
Doch bei Professor Hartmut Esser ist nicht von Liebe und personaler Einheit die Rede, nicht von Hingabe und auch nicht
von psychischer Reife, sondern von gegenseitiger Verpflichtung,
gemeinsamer Investition und gegenseitiger Abhängigkeit. Je
stärker sich diese Abhängigkeit in materieller Verflechtung,
gemeinsamen Kindern, Lebensprojekten und identischen Freun-
deskreisen darstellt, je höher sich die Hindernisse vor einer
Trennung auftürmen, desto geringer fällt die Scheidungsbereit-
schaft aus. Der Preis für eine Trennung wäre einfach zu hoch.
   Das gleiche Prinzip wirkte schon in der Vergangenheit, als
Geschiedene von Armut bedroht und aufgrund sozialer Sankti-
onen weder neue Wohnungen noch neue Partner finden konnten. Wem es vor allem um die Dauer von Beziehungen geht, der
könnte neben den geschilderten Abhängigkeiten als zusätz-

liche Barriere gegen Trennungen die Einführung des Prangers für Scheidungswillige fordern. Das würde die Dauer von Beziehungen zweifellos fördern, allerdings ebenfalls auf Kosten ihrer Qualität.

So leuchten Essers Ratschläge zwar ein, können aber nichts bewirken, denn junge Menschen werden sich nicht daran halten können. Ihnen fehlt die psychische Struktur dazu, sie sind nicht in der Lage, ihre Karriere, ihre individuellen Wünsche und ihre Gefühle gegenüber einer Beziehung so weit zurückzustellen. Sie sind nicht in der Lage dazu, weil sie über kein zwingendes äußeres und kein überzeugendes inneres Motiv für derart umfassende Festlegungen verfügen. Man darf nicht vergessen, dass sich die Partner früher keinesfalls freiwillig dauerhaft aneinander banden. Ihnen standen aufgrund gesellschaftlicher Zwänge andere Möglichkeiten kaum zur Verfügung. Das hat sich geändert. Heute tun sich vor dem Hintergrund gesellschaftlicher Freiheiten vielfältige individuelle Möglichkeiten auf, die sogar neue Familienformen entstehen lassen.

Auf die Frage seiner schwangeren Freundin, ob er das Kind möchte, antwortete ein Klient: »Das Kind schon, aber nicht dich als Lebenspartnerin.« Die beiden trennten sich, blieben Freunde und teilen sich seither das Sorgerecht für das Kind, das sie beide lieben. Trennung vom Partner ist zur realen Option geworden. Was geschieht mit den Scheidungskindern? Entgegen verbreiteter Auffassung sind diese nicht zwangsläufig von Leid und Folgeschäden bedroht. Eine Auswertung von 33 Studien, die 2660 Kinder einbezogen, ergab, dass Scheidungskinder keine Nachteile gegenüber Kindern aus so genannten intakten Ehen erleiden, sofern sich die geschiedenen Eltern das Sorgerecht teilen. Es reicht aus, wenn die Kinder etwa ein Viertel der Zeit mit dem Elternteil verbringen, bei dem sie nicht wohnen.[76]

Auch das scheinbar psychologisch fundierte Argument, die

Dauer einer Beziehung spreche für die psychische Reife der
Partner, kann nicht unwidersprochen bleiben. Es kann ebenso
das glatte Gegenteil der Fall sein. Beziehungsdauer und die
dafür durchweg als erforderlich geltende Treue können ebenso
auf neurotischen Anteilen beruhen, worauf der Psychotherapeut Wolfgang Schmidbauer hinweist:

Die absolute Treue bietet ein Höchstmaß an Sicherheit. Sie ist ein
hoher menschlicher Wert, kommt aber im Alltag nicht immer
durch moralische Selbstdisziplin oder uneingeschränkte Hingabe
an das Du zustande. Sie kann geradeso gut aus geringen Trieb-
spannungen, chronischer Depression oder Trägheit gespeist sein.[77]

Wie viele Paare bleiben nicht deshalb zusammen, weil sie sich
besonders tief lieben oder irgendeine erstrebenswerte Reife er-
langt haben, sondern weil sie sich im gemeinsamen Leben
eingerichtet haben und vor Veränderungen zurückschrecken?
Sicher nicht wenige. Dagegen ist nichts einzuwenden. Dann
aber sollte die Dauer einer Beziehung nicht per se als Beweis
von Reife angesehen werden. Sie kann ebenso auf eine unreife
Abwehr des Alleinseins und den Kampf gegen die Vergänglichkeit eines Lebens, in dem nichts von Dauer ist, zurückzuführen
sein.

   Wie ein Blick in die Vergangenheit zeigt, haben Menschen
immer schon unter dem Diktat der Dauer gelitten. Der spani-
sche Dichters Miguel de Cervantes regte im Jahr 1651 an, Ehen
sollten alle drei Jahre automatisch aufgelöst und, falls die Partner zusammenbleiben wollten, neu geschlossen werden wie jeder andere »Pachtvertrag«, statt »zur ewigen Marter für beide
Teile« zu werden.[78] Eine solche Regelung würde auch heute
noch sinnvoll erscheinen. So manche Scheidungsschlacht würde
sich dann erübrigen.

   Die Dauer einer Partnerschaft hat, das kann man zusammenfassend feststellen, stets zwei Gesichter: Sie kann Glück

oder Unglück, im Extremfall Himmel oder Hölle bedeuten. Es gibt gute Gründe, die Dauer als Kriterium einer qualitativen Beziehung in Frage zu stellen. Dennoch wird gelingende Partnerschaft von vielen Therapeuten vorwiegend an ihrer Dauer gemessen. In Zeiten, da sich die Liebe auf emotionale statt auf existenzielle Bedürfnisse beruft, macht das jedoch wenig Sinn. Die Menschen legen zunehmend Wert auf die emotionale Qualität ihrer Beziehungen. Welche Beziehung sie wie lange als gut und erhaltenswert erachten, darüber entscheiden allein die Partner. Qualität von Beziehungen ist ein Kriterium, das sich objektiven Maßstäben entzieht.

PATHOLOGISIERUNG

Beziehungsarbeit, Expertenkonzepte, Idealisierungen von Einheit und Dauer – wem es nicht gelingt, sein Beziehungsleben entsprechend der geschilderten Expertenvorstellungen zu gestalten, ob mit oder ohne therapeutische Unterstützung, der wird alsbald als beziehungsunfähig hingestellt und damit pathologisiert:

Was aber, wenn das Liebesglück dann doch nicht zu erlangen ist, wenn es sich nicht einstellen will? Dann ist die moderne Diagnose klar: Beziehungsunfähigkeit. Wie ein Damoklesschwert hängt diese Diagnose über all jenen, denen die große Liebe versagt bleibt. Wer dem hohen Anforderungsprofil der modernen Liebe nicht entsprechen kann, gilt als psychisch gestört. So einfach ist das mit der Pathologisierung.[79]

Paartherapie unterliegt wie jede Therapie stets der Gefahr, Menschen an normative Vorstellungen anpassen zu wollen und sie, falls sie die Bedingungen so genannter Normalität nicht erfüllen, für krank oder gestört zu erklären. Wie das praktisch funktioniert, durfte ich vor kurzem selbst erfahren.

Verärgert über mein Buch *Fünf Lügen, die Liebe betreffend,* veröffentlichte ein Therapeut im Internet eine Ferndiagnose bezüglich meiner psychischen Verfassung.[80] Ohne mich persönlich zu kennen, zählte er mich zu denjenigen »depressiven Therapeuten«, die »ihr eigenes Problem auch noch zur therapeutischen Lehre ummünzen«, die »an einem wesentlichen Entwicklungsschritt der Persönlichkeitsreifung zu früh aufgeben«, die »selbst keine guten Liebhaber (...), langweilig im Bett« (...) und »phantasielos in der Liebe« sind.[81]

Mich amüsiert eine solche Diagnose. Doch wie mag es Klienten ergehen, die – direkt oder indirekt, ausgesprochen oder unausgesprochen – mit solcher Therapeutenelle gemessen werden? Und wie sollen Therapeuten auf dem Hintergrund ihrer Ansichten über Normalität und Persönlichkeitsreifung verhindern, entsprechende Maßstäbe an Klienten anzulegen und sie für »unreif« etc. zu erklären. »Gegenüber der Plausibilität der eigenen Diagnosen und Hypothesen kann kein Therapeut neutral bleiben«, sagt Ulrich Clement.[82] Wie wollen Therapeuten darüber hinaus verhindern, dass sie Klienten zur Anpassung an ihre Vorgaben ermutigen oder gar nötigen?

An solchen Anpassungsprojekten versuchen sich heute vor allem Therapeuten, Psychologen und Ärzte. Aber sogar Chirurgen haben sich daran beteiligt und auf besonders krasse Weise an der »Gesundung« untreuer Ehepartner mitgewirkt:

Gehirnchirurgie ist in den Vereinigten Staaten in den 50er-Jahren des letzten Jahrhunderts (1950) zum Beispiel sogar für Diagnosen wie Ehebruch eingesetzt worden. In einer ambulanten Sitzung drang ein Psychiater dabei unterhalb des Jochbeins mit einem Gerät in das Gehirn ein, aus dem nach Erreichen der Zielregion (...) kleine Messer ausgeklappt werden konnten. Die ›Eispickel‹ wurden nach Einführung mehrfach hin und her gedreht, um die betreffenden Gehirnregionen zu zerstören.[83]

Auch das ist eine Form von ›Beziehungsarbeit‹, die auf Vorstellungen von Normalität und dem Versuch, Abweichungen zu verhindern, beruht. Auch heute halten sich Mediziner keineswegs aus dieser Arbeit heraus. Vielmehr haben sie »medizinische Ursachen« für den Lustverlust in der Langzeitpartnerschaft ausgemacht und bekämpfen diese mit Viagra und anderen Medikamenten, teilweise mit Operationen an Penis oder Klitoris. Ulrich Clement erwähnt, dass Urologen gegenwärtig das Feld der Sexualstörungen aufrollen, unter anderem mit Penisprothesen, Vakuumpumpen und Schwellkörperinjektionen, und er fügt hinzu: »Heute begibt sich kaum noch ein Patient in Psychotherapie, der nicht urologisch vorbehandelt ist.«[84]

Aus der gleichen Zeit, in der die oben beschriebenen Operationsmethoden zur Anwendung kamen, stammen psychologische Ansätze, die ebenfalls deutlich machen, wie begrenzt die ihnen zugrunde liegenden fachlichen Vorstellungen waren und wie diesen die Pathologisierung auf dem Fuße folgte. Damals wurden so genannte »männliche« Frauen außerhalb der Norm gestellt:

Frauen, die Männer aktiv lieben, sind männlich (1928) ... Die Frau verfügt über quantitativ weniger Libido als der Mann. Der Mann muss gegen die passive und masochistische Haltung im Allgemeinen protestieren, da sie ihm biologisch nicht vorgeschrieben ist; die Frau dagegen muss sie akzeptieren (1953) ... Der Orgasmus ist männlich. Die »weibliche« Frau kennt keinen orgastischen Höhepunkt (1960).[85]

Diese Zitate stammen nicht, wie man vermuten könnte, von Männern, sondern von Psychologinnen. Man kann sich die Richtung vorstellen, in die Klienten und Klientinnen vor nicht einmal fünfzig Jahren aufgrund solcher, in diesem Falle psychoanalytischer, Überzeugungen therapiert wurden.

DIE DURCHTHERAPIERTE GESELLSCHAFT

Wie jede Forschung verfolgt auch die Beziehungsforschung
den Zweck, ihren Gegenstand zu begreifen, um ihn anschließend handhaben und beherrschen zu können. Man stelle sich
einmal vor, so etwas würde gelingen. Die erforschte und anschließend durchtherapierte Gesellschaft würde den Partnern
schließlich nur noch eine einzige, von Therapeuten beaufsich-
tigte Beziehungsform zur Verfügung stellen. Davon abweichende
Paare würden psychotherapeutisch, medikamentös oder opera-
tiv behandelt.

Wer könnte unter solchen Umständen für eine Weiterentwicklung von Beziehungsformen sorgen? Schließlich sorgt nur das,
was nicht in die Norm passt, für die Entwicklung der Lebensformen. So verhält es sich auch mit Beziehungen. Nicht die
angepassten, ängstlich auf die Bewahrung des Übernommenen
fixierten Paare, sondern die mit dem Beziehungsideal unzufrie-
denen sorgen für die Weiterentwicklung von Beziehungsformen, Formen, wie ich sie in *Fünf Wege, die Liebe zu leben* beschrieben habe.

BEZIEHUNGEN UNTER
THERAPEUTISCHER AUFSICHT

Forscher und Therapeuten habe ich an anderer Stelle als gut-
meinende »Auftragstäter« bezeichnet. Sie handeln im Auftrag
menschlicher Wünsche, gesellschaftlicher wie individueller. Sie
suchen nach Wegen, das Leben den Vorstellungen der Menschen
anzupassen, auch danach, wie die ideale Beziehung wunschgemäß zu verwirklichen ist.

Aufgrund dieser Entwicklung und des damit verbundenen
Machbarkeitsglaubens scheint das Leben kaum noch frei von
fachlicher Unterstützung zu funktionieren. Der wachsende Einfluss von Lebensberatern in Form von Managementberatern,

Vermögensberatern, Ernährungsberatern, Gesundheitsberatern, Karriereberatern, Modeberatern, Erfolgsberatern, Glücksberatern und und und weist auf eine wachsende Bereitschaft hin, sich die Fragen des Lebens von scheinbaren Spezialisten beantworten zu lassen.

Im Sog dieses Trends gerät auch Liebe und Partnerschaft zunehmend unter therapeutische Aufsicht, und Wissenschaftler und Psychologen liefern pausenlos »technische Anweisungen« zur Beziehungsgestaltung, etwa folgender Art:

Mutig folgen sie (die Partner) den fünf Schritten der Paartherapie: rückhaltlose Aufdeckung ihrer Krisendynamik, Durcharbeiten der kindlichen Altlasten, Entflechten ihrer in der Kindheit erworbenen Liebesmuster, Einsicht in ihre jeweils persönlichen Entwicklungsaufgaben und abschließend Neugestaltung der von den Altlasten befreiten Paarbeziehung.[86]

Rückhaltlose Aufdeckung, Durcharbeitung, Altlastenbefreiung, Entflechtung, erworbene Liebesmuster, Einsicht in die persönlichen Entwicklungsaufgaben und an anderer Stelle der Gebrauch des Begriffs »Liebesvollzug«, – das ist die Sprache von Bürokraten oder Architekten. Was soll man sich beispielsweise unter »Liebesvollzug« vorstellen? Strafvollzug ist mir ein Begriff. Warum muss eine Aufdeckung »rückhaltlos« sein? Sind in der Kindheit erworbene Liebesmuster »Altlasten«? Wer definiert »persönliche Entwicklungsaufgaben«?

Auch Dirk Revenstorf und Elisabeth Freundenfeld haben aufgrund ihrer Forschungen entdeckt, wie die dauerhafte Liebesbeziehung umzusetzen ist:

(Die dauerhafte Liebesbeziehung) hat unseres Erachtens drei Voraussetzungen. Die eine ist die Notwendigkeit, die Bindung fortlaufend von neurotischen Anteilen zu befreien (...). Die zweite Voraussetzung ist die Notwendigkeit der nicht aufhörenden

Neugier, den anderen kennen zu lernen und dabei einen angst-
und wertfreien Raum zu schaffen, den die beiden Partner allein
teilen. Damit wird eine weiter wachsende Intimität auf den
unterschiedlichsten Ebenen (körperlich, emotional, gedanklich,
spirituell) ermöglicht. Das wird auch durch die dritte Voraussetzung gefördert, nämlich dass die Partner Visionen von ihrer
Liebe und ihrem gemeinsamen Leben entwickeln.[87]

Wenn die Partner sich an derartige Gebrauchsanweisungen halten, wenn sie also alles richtig machen, steht der dauerhaften
Liebesbeziehung nichts im Wege. Damit lautet die Antwort auf
die Frage: »Wie kann man sich dauerhaft und umfassend lieben?« eigentlich schlicht: »Indem man sich dauerhaft und umfassend liebt.«
    Therapeuten leben in gewisser Weise in einer eigenen Welt.
Nicht wenige träumen davon, jedem Paar therapeutische Begleitung zukommen zu lassen, am besten lebenslang. Wer glaubt,
ich übertreibe hier, der sei auf die Schilderung eines Paartherapeuten hingewiesen, der mir folgende Zeilen schrieb:

Neulich hatte ich ein sehr schwieriges Paar in einer Trennungs-
situation. Die beiden hatten, bis sie sich zu einer Trennung
durchringen konnten, fünf Jahre Paartherapie mit einwöchiger
Frequenz hinter sich – und das in insgesamt zehn Ehejahren.

Es bleibt zu hoffen, das dies ein besonders krasses Beispiel ist.
Das Vorhaben, Beziehungen unter fachliche Aufsicht zu stellen,
wird meist schon an den hohen Kosten einer solchen Versorgung scheitern, und Gott sei Dank fehlt den meisten Partnern
auch die Bereitschaft dazu, sich derart an die Hand nehmen zu
lassen.
    Allerdings stellt schon derjenige seine Beziehung unter the-
rapeutische Aufsicht, der an die geschilderten Konzepte der
Therapeuten glaubt und meint, er könne sie umsetzen. Die

Vorstellung, therapeutische Konzepte könnten in das Paarleben übernommen werden, hat mit den realen Möglichkeiten der Partner jedoch wenig zu tun. Arbeit an der eigenen Persönlichkeit, an der Kommunikation, an der Sexualität, an der Balance von Nehmen und Geben, an der Nähe/Distanz-Bilanz, an der Entwicklung gemeinsamer Ziele, an der Leidenschaft, am Erwerb dutzender Fähigkeiten – mit der von Experten empfohlenen »Liebesarbeit« sind die Menschen restlos überfordert.

Das ist, als schriebe ein Chirurg einen Ratgeber mit dem Titel »Operiere dich selbst!«.

Therapeuten tun so etwas. Sie machen die Partner glauben, mit ein wenig Mühe und Ausdauer ließen sich ihre Beziehungen gestalten. Allerdings richtet sich die Beziehungsrealität nicht nach den Vorstellungen der Experten. Denn auch wenn diese glauben, das Rätsel der Liebe entschlüsselt zu haben, kann davon keine Rede sein. Denn in Wahrheit hantieren sie mit Geheimnissen.

HANTIEREN MIT GEHEIMNISSEN

Dr. Arnold Retzer:
Ein moderner (...) Mythos ist der des Fortschritts, der Autono-
mie und der vernünftigen Beherrschung der eigenen Lebens-
bedingungen (...). In Anbetracht dieses Mythos ist die Liebe
natürlich ein Skandal (...).[88]

Bettina von Arnim:
Der Boden, dem die Liebe entsteigt, ist Geheimnis.

Beziehungsarbeit wird von etlichen Therapeuten auch als Arbeit
an der Liebe bezeichnet. Beispielsweise meint Hans Jellouschek:
»Durch bestimmte Verhaltensgewohnheiten wird unsere Liebe
entweder erhalten und genährt oder aber untergraben und zerstört«,[89] und Michael Cöllen schreibt: »Es gilt, die Regeln und
Gesetzmäßigkeiten der Liebe zu erkennen, sie geduldig einzuüben und schließlich bewusst zu praktizieren.«[90] Solche Aussagen rufen den Eindruck hervor, mit der Liebe ließe sich zielgerichtet arbeiten.

Demgegenüber weisen die obigen Zitate von Arnold Retzer
und Bettina von Arnim auf das Grundproblem derartiger Beziehungsarbeit hin. Um mit der Liebe arbeiten zu können,
müsste man sie nämlich verstanden haben. Jedoch kann der
Verstand die Liebe nicht erfassen, für ihn bleibt sie ewiges
Geheimnis. Auch Therapie und Wissenschaft haben die Liebe
keineswegs ihrer Geheimnisse beraubt, schon gar nicht derart,
dass sie einer zielgerichteten therapeutischen Bearbeitung zugänglich würde.

LIEBE VERSUS PARTNERSCHAFT

Die »Liebe zu lehren« (Michael Cöllen) und dadurch ihren Erhalt zu gewährleisten würde voraussetzen, sie in ihren vielfältigen Aspekten durchschaut und begriffen zu haben. Darum bemühen sich Menschen seit ewigen Zeiten. Der Lösung des Rätsels sind sie allerdings nicht näher gekommen. Dies zeigt sich bereits in der Definition des Begriffs.

Was ist eigentlich Liebe? Das Wort Liebe stellt bestenfalls eine Sammelbezeichnung für ein nicht näher definierbares Erleben dar. Deshalb wird mit dem Begriff Liebe unter anderem die himmlische Liebe, die Liebe auf dem Boden, tiefe Liebe, romantische Liebe, wahre Liebe, eheliche Liebe, andere Formen der Liebe, erwachsene Liebe, erotische Liebe, leidenschaftliche Liebe, körperliche Liebe, geistige Liebe, personale Liebe, Verliebtheit, Mann/Frau-Liebe, Nächstenliebe und mehr beschrieben.

Man kann die Liebe ob ihrer vielfältigen Erscheinungen nicht klar definieren, und es wäre ein Leichtes, dutzende Seiten mit unterschiedlichsten Liebesdefinitionen zu füllen. Darauf will ich verzichten, denn diese Begriffsvielfalt weist lediglich darauf hin, dass Liebe letztlich undefinierbar ist. Liebe ist zutiefst emotional, und ihre Quellen sind unbewusst. Das Wesen der Liebe verschließt sich dem Verstand. Dennoch lässt sich mutmaßen, warum die Menschen so an ihr hängen.

Die Liebe tut etwas für die Menschen. Ihre Aufgabe ergibt sich aus den Beschreibungen dieses Zustandes. Liebende vertrauen sich einander an, geben sich einander hin, verbinden sich, verschmelzen miteinander. Liebende geraten in einen symbiotischen Zustand, der auf verschiedenen Wahrnehmungsebenen – körperlich, emotional, geistig oder spirituell – empfunden werden kann. Liebende werden, so fühlen sie es, *eins* miteinander. Ähnliches gilt für die nicht zwischenmenschlichen Formen der Liebe, etwa die Liebe zur Natur, zu Gott oder zur

Existenz. Auch diese Liebe lässt den Betrachter mit dem Betrachteten eins werden.

Liebend verbindet sich der Mensch mit dem, wovon er sich ansonsten getrennt fühlt. Zu lieben entspricht, zumindest so viel kann über dieses geheimnisvolle Phänomen gesagt werden, einem menschlichen Grundbedürfnis nach Verbundenheit. Menschliche Liebe lässt die Grenzen zwischen Individuen aufweichen, hebt über Gräben hinweg, baut Brücken. Sie befreit das Individuum von der Isolation in sich selbst, in seinem Bewusstsein, in seinem Ich. Der Mensch sehnt sich danach, aus dem Eingeschlossensein in sich selbst befreit zu werden, aber er kann sich nicht selbst befreien, auf jeden Fall kann er das nicht willentlich.

Aus diesem Grund, weil er sie nicht absichtlich herbeiführen kann, ist der Mensch darauf angewiesen, dass ihm die Liebe geschieht. Sie geschieht aus inneren, dem Verstand entzogenen Beweggründen und wird an geheimen Orten eingefädelt, zu denen das Bewusstsein keinen Zutritt hat. Nicht Gedanken, Absichten und bewusste Entscheidungen sorgen für die Liebe, sondern Gefühle und unbewusste Zusammenhänge. Die Liebe »passiert«, sie stößt dem Bewusstsein zu, sie überwältigt.

Wie wenig berechenbar die Liebe ist, mag ein Beispiel zeigen. In einer Fernsehsendung[91] wird von einem Paar berichtet, er 23, sie 22 Jahre alt, das einen schweren Autounfall hatte. Beide Partner litten anschließend zeitweise an Amnesie. Das Gedächtnis der jungen Frau kehrte nach einigen Monaten zurück, bei dem jungen Mann dauerte es zwei Jahre. Innerhalb dieser beiden Jahre konnte er sich – obwohl die beiden engen Kontakt hielten – nicht an die Liebe zu seiner Freundin erinnern. Sollte man nicht erwarten, dass sich die Liebe in diesem Zeitraum wieder einstellt? Das ist nicht geschehen, die vergessene Liebe blieb verschwunden. Ein Beleg für deren Rätselhaftigkeit.

Liebe ist unwillkürlich, sie kann nicht gemacht werden, sie geschieht. Eine Partnerschaft hingegen ist dem Willen deutlich zugänglicher. Das zeigt sich schon darin, dass Partnerschaften früher durch die Eltern der Paare zustande kamen und nicht durch die Partner selbst. Diese fremdarrangierten Ehen dienten ganz konkreten Überlebenszielen. Daran hat sich im Grunde nichts geändert. Eine Partnerschaft dient auch heute noch konkreten Zielen, nämlich der Lebensbegleitung. Ihre Aufgabe besteht darin, das alltägliche Leben der Partner zu organisieren und zu erleichtern.

Vergleicht man Liebe und Partnerschaft, zeigt sich, dass diese Bindungsformen unterschiedliche Ziele verfolgen.

In einer Partnerschaft tun sich zwei zusammen, um gemeinsam ihr Leben zu organisieren. Das Ziel ist Lebenserleichterung oder Lebensbegleitung. In der Liebe hingegen tun sich zwei zusammen, denen die Liebe geschah. Das Ziel ihrer Liebe ist die Liebe selbst.

Liebe und Partnerschaft stellen unterschiedliche Bindungsmotive dar. Dadurch, dass diese Motive in einer Beziehung zusammengelegt werden, indem die Partner einerseits ihr Leben miteinander organisieren und sich andererseits lebenslang umfassend lieben wollen, entsteht nun ein außerordentliches Spannungsfeld aus willkürlichen und unwillkürlichen Bindungsmotiven. Diese Vermischung unterschiedlicher Bindungsmotive wurde in der Vergangenheit vermieden, heute wird sie gefordert.

Halten wir uns deshalb nochmals die Unterschiede im Partnerschaftsverständnis und Liebesbegriff von damals und heute vor Augen.

LIEBE UND PARTNERSCHAFT
FRÜHER UND HEUTE

Die Idee einer umfassenden Paarbeziehung, die sowohl der Liebe als auch der Lebensbegleitung dient, ist geschichtlich relativ jung. Vor nicht allzu langer Zeit, bis vor etwas mehr als 200 Jahren, unterschieden die Menschen zwischen Partnerschaft und Liebe, gleichzeitig verstanden sie darunter etwas anderes, als wir das heute tun.

Früher wurden Ehen (Partnerschaften) zum Zweck des gemeinsamen Wirtschaftens eingegangen, sie waren in erster Linie Produktionsgemeinschaften. Die Gefühlswelt der Partner hatte sich diesem Ziel unterzuordnen. Heute verhält es sich umgekehrt. Heute stehen die Gefühle der Partner an erster Stelle der Paarbeziehung, und es wird erwartet, dass alle anderen Zusammenhänge den Liebesgefühlen dienen oder sie zumindest unangetastet lassen.

Früher besiegelte die Ehe ausdrücklich eine vom Willen der Ehepartner unabhängige rechtlich-sittliche Verbindung. Da ihre Verbindung nicht dem Glück der Eheleute, sondern sozialen und wirtschaftlichen Interessen des Familienverbandes diente, wurde von den Ehepartnern auch nicht erwartet, sich gegenseitig zu lieben und einander glücklich zu machen. Es genügte, wenn die Ehepartner »gut« zueinander waren. Die Ehepartner konnten zwar, indem sie vorgegebene Rollen ausfüllten und ihre Pflichten erfüllten, durchaus eine gewisse Liebe füreinander entwickeln, jedoch handelte es sich um eine verlässliche, vielleicht vertraute, bestenfalls warme Form der Liebe, eine eheliche Liebe eben. Bezeichnenderweise wurde diese Liebe zwischen Verlobten und Eheleuten in früheren Epochen mit dem Begriff *Freundschaft* beschrieben.[92]

Die emotionale Liebe, leidenschaftlich, körperlich und heiß, auf unerklärlichen Gefühlen basierend und unberechenbar, diese Form der Liebe fand außerhalb der Ehe statt. Sie wurde über viele Jahrhunderte aus der Ehe verbannt, da sie deren Stabilität gefährdete. Kam leidenschaftliche Liebe in einer Ehe dennoch vor, mussten die Partner sie verheimlichen, denn die Kirche verfügte: »Der Mann, der (...) seine Frau so leidenschaftlich bestürmt, um seine Begierde zu befriedigen, als wäre sie gar nicht seine Frau und er wollte dennoch Verkehr mit ihr haben, der sündigt«.[93]

Die beiden Formen der Bindung, die partnerschaftlich/ freundliche und die emotional/leidenschaftliche Liebe, existierten mehr als zwei Jahrtausende nebeneinander und bedienten sich unterschiedlicher *legaler* Beziehungsformen, einerseits der Ehe, andererseits beispielsweise des Konkubinats oder der Friedelehe (im althochdeutschen Recht die lösbare Ehe mit einer freien Frau). Das änderte sich erst mit dem aufkommenden Bürgertum und den damit einhergehenden umfassenden wirtschaftlichen und sozialen Umwälzungen.[94]

Im Bürgertum wurden die vormals getrennten Motive der Geschlechterbindung zusammengefasst. Die Ehe verlor nun zwar ihre Aufgabe als Produktionsgemeinschaft, das partnerschaftliche Motiv der Alltagsbewältigung blieb ihr jedoch erhalten. Gleichzeitig wurde die emotionale Liebe in die Ehe aufgenommen. Die emotionalen Motive entwickelten sich in der Folgezeit zum hauptsächlichen Bindeglied der Geschlechtsbeziehungen. Interessanterweise zerfällt die Institution der Ehe, seit sie die emotionale Liebe in sich aufgenommen hat, kontinuierlich.[95]

Heute lässt sich feststellen, dass die partnerschaftlichen Motive in ihrer Bedeutung schwinden. Selbst gemeinsame Kinder stehen immer seltener einer Trennung im Weg, weil die Elternschaft nach einer Scheidung fortgesetzt werden kann. Partnerschaft und Elternschaft rücken auseinander, da Partner nur kurze Zeit Eltern sind, während sie lange Zeit Partner sein können. Im Zuge dieser Veränderungen gewinnen Liebesmotive mehr und mehr an Bedeutung. Materielle Aspekte spielen zwar immer noch eine gewisse Rolle, sind jedoch für eine Bindung selten ausschlaggebend.

Denkt man die Entwicklung weiter, liegt die Vermutung nahe, Beziehungen befänden sich heute in einem Zwischenstadium von der partnerschaftlichen Abhängigkeit unserer Vorfahren zur partnerschaftlichen Unabhängigkeit zukünftiger Generationen. Dieses Zwischenstadium äußert sich in der beschriebenen Vermischung partnerschaftlicher Motive mit Liebesmotiven. Vorstellbar wäre, dass zukünftige Beziehungen ausschließlich auf Liebesmotiven beruhen und partnerschaftliche Aspekte vollkommen aus Beziehungen herausfallen. Anzeichen hierfür zeigen sich in der Tendenz zur »reinen Beziehung«, auf die ich später noch zu sprechen komme.

LIEBE UND PARTNERSCHAFT ALS UNTERSCHIEDLICHE BINDUNGSMOTIVE

Hier geht es um die Folgen, welche die Vermischung der unterschiedlichen Ziele von Liebe und Partnerschaft – einerseits Liebessymbiose, andererseits Lebensbegleitung – mit sich bringen. Diese Folgen liegen auf der Hand. Sie lauten: Liebe und Partnerschaft vertragen sich nicht reibungslos miteinander, ihre Widersprüchlichkeit löst Leid aus, viele ihrer Konflikte lassen sich darauf zurückführen. Wahrscheinlich liegt in der Vermischung dieser unterschiedlichen Bindungsmotive das Hauptproblem heutiger Partner.

Mit dieser Auffassung stehe ich nicht alleine dar. Auf einem Vortrag im Rahmen einer Tagung der Internationalen Gesellschaft für systemische Therapie in Heidelberg beschrieb Dr. Arnold Retzer den gleichen Zusammenhang mit anderen Worten:

Eine Liebesbeziehung und eine Partnerschaft sind zwei verschiedene Sinnsysteme mit verschiedenen Handlungslogiken. Eine Paarbeziehung ist dagegen das handlungslogisch undefinierte Feld, in dem die beiden handlungslogisch differenten Sinnsysteme operieren. Die moderne Paarbeziehung hat damit einen eingebauten Widerspruch beziehungsweise einen immanenten Konflikt: den zwischen den zwei widersprüchlichen Sinnsystemen der Liebe und der Partnerschaft.[96]

Schon Freud hat zwischen den Motiven Liebe und Partnerschaft unterschieden, wie Martina Roth[97] schreibt:

Paarbeziehungen werden in der heutigen Beziehungsliteratur als etwas dargestellt, das zu erreichen ist, wenn man sich nur tief genug auf die Seele des anderen einlässt und sich um ein Verstehen des anderen in seinen Tiefendimensionen bemüht. In der kulturkritischen Auffassung von Freud ist die Paarbeziehung immer ein diffiziles Unternehmen, das wie ein Kartenhaus zusammenzufallen droht. Nicht nur, dass die mächtige sinnliche Strömung mit der zärtlichen vereinbart werden muss – es geht auch darum, dass die Kultur ihr Maß an Verdrängung aggressiver Regungen fordert.

Freud beschreibt hier, dass in Paarbeziehungen versucht wird, die sinnlichen/zärtlichen (also die Liebesmotive) mit den kulturellen (also den partnerschaftlichen Motiven) in Einklang zu bringen, und dass dieser Versuch ein vom stetigen Zusammenbruch bedrohtes Gebäude konstruiert. Freuds Einschätzung widerspricht damit dem Zweckoptimismus heutiger Liebestherapeuten, die in der Vermischung beider Bindungsmotive kein Problem sehen.

Mit der Unterscheidung von Liebe und Partnerschaft soll nicht gesagt werden, diese Motive könnten nicht zusammen vorkommen. Ich betone aber, dass sie nicht automatisch zusammen auftauchen müssen und nicht unbedingt dauerhaft zueinander gehören. Vor allem kann man sie nicht miteinander gleichsetzen. Es scheint jedoch, dass viele Experten kaum oder nur unzureichend zwischen Liebe und Partnerschaft differenzieren. Dadurch entsteht der Eindruck, diese unterschiedlichen Bindungsmotive seien identisch oder zumindest untrennbar miteinander verbunden. Beispielsweise schreiben die Psychologen Eva Jaeggi und Walter Hollstein:

Liebe besteht darin, dass die Partner miteinander ein Universum aufbauen, welches nicht nur ihre alltäglichen Handlungen speist, sondern eine Sinnkonstruktion für ihr gemeinsames Leben darstellt.[98]

In dieser Definition wird zwischen Liebe und Partnerschaft nicht unterschieden, die partnerschaftlichen Motive (alltägliche Handlungen) werden der Liebe zugeordnet. Zudem trifft die Beschreibung eher auf Partnerschaften als auf Liebe zu. Denn ein geteiltes Universum, das alltägliche Handlungen speist und eine Sinnkonstruktion für gemeinsames Leben darstellt, ist nicht unbedingt auf die Liebe angewiesen. Es kann ebenso durch gleichgültige und lieblose Partner aufgebaut werden. Das belegen unzählige Ehen, die mehr durch Gewohnheit oder Angst denn durch Liebe zusammengehalten werden.

Auch in der Aussage der gleichen Autoren, »Die Liebe als Gefühl und in ihrer institutionalisierten Form als Partnerschaft ist nicht nur ein Menschheitsthema, sondern auch eine Grundkonstante von Menschsein«,[99] scheint Liebe mit Partnerschaft gleichgesetzt zu werden, was einer kulturellen und geschichtlichen Betrachtung so nicht standhält.

Eine Partnerschaft ist keineswegs dazu gedacht, *der Liebe* eine institutionalisierte Form zu geben. Die Ehe war seit jeher rechtlicher Vertrag und Produktionsgemeinschaft und diente stets wirtschaftlichen und sozialen Zwecken. Die Liebe hingegen kam in allen Epochen außerhalb von Ehen vor. Würde es stimmen, dass die Liebe in »ihrer institutionalisierten Form als Partnerschaft« eine »Grundkonstante von Menschsein« darstellt, dann hätten alle Partner, die im Laufe der Geschichte von ihren Eltern miteinander verheiratet wurden und dies heute noch werden, ihr Menschsein in Hinsicht auf die Liebe verpasst. Es sei denn, alle diese Partner hätten sich zufällig auch geliebt, und dazu noch in der heutigen, intensiv-emotionalen Weise.

Der bekannte Psychologe und Paartherapeut Jürg Willi weist indirekt auf die unterschiedlichen Bindungsmotive Liebe und Partnerschaft hin, indem er sagt:

In der zweiten Lebenshälfte (...) gibt es Bindungen, die über die Partnerbeziehung hinausreichen – die Kinder, das Haus, die soziale

Nische, die ein Paar sich geschaffen hat. In solchen Fällen ist Liebe nicht mehr die einzige tragende Kraft (...).[100]

Für Jürg Willi gibt es demnach mehr als eine treibende Kraft in Beziehungen. Zum einen die Liebe und zum anderen darüber hinausgehende, partnerschaftliche Bindungen wie Kinder, soziales Umfeld usw. Allerdings spielen diese partnerschaftlichen Bindungen meiner Ansicht nach nicht erst in der zweiten Lebenshälfte eine große Rolle, sondern vom Beginn der Beziehung an in Form gemeinsamer Lebensträume wie der Sehnsucht nach Haus und Kind etc.

EINE THERAPIE DER LIEBE?

Lassen Sie mich noch einmal die wesentlichen Elemente einer Paarbindung festhalten. Um eine Paarbindung zu beschreiben, stehen drei Begriffe zur Verfügung: Liebe, Partnerschaft und Beziehung. Die *Liebe* beruft sich auf unwillkürliche Bindungsmotive, sie taucht als leidenschaftliche oder körperliche Liebe, als romantische Liebe oder personale Liebe, als geistige, psychische oder emotionale Liebe auf, oder als eine Mischung davon. Eine *Partnerschaft* beruft sich auf relativ willkürliche Bindungsmotive, sie dient bestimmten Zwecken und Lebenszielen. In einer *Beziehung* vermischen sich schließlich Liebesmotive und partnerschaftliche Motive (meist untrennbar) miteinander.

Es gibt einen wichtigen Grund, warum ich den Unterschied zwischen Liebesbindung und partnerschaftlicher Bindung betone. Wer beides miteinander gleichsetzt, suggeriert, dass eine Liebe automatisch eine Partnerschaft ermöglichen würde, oder, und das ist in unserem Zusammenhang wichtiger, dass eine Verbesserung der Partnerschaft automatisch auch der Liebe dienen würde.

Das tut beispielsweise der amerikanische Autor und Psychologe John Gray. Er bezeichnet Kommunikation, Verständnis, Urteilsfreiheit und Verantwortlichkeit als die vier Schlüssel zur

Liebe. Diese Schlüssel mögen in menschlichen Beziehungen zu gebrauchen sein, sie schließen jedoch keinesfalls die Tür zur Liebe auf. Zu kommunizieren, zu verstehen, urteilsfrei und verantwortlich zu sein erfordert nämlich weder Liebe, noch führt es dahin. Diese Kriterien gelten ebenso für Partnerschaften und Freundschaften.

Gerade weil Liebe und Partnerschaft nicht identisch sind, kann man etwas für die Partnerschaft tun, ohne zugleich etwas für die Liebe zu tun. Eine Partnerschaft lässt sich nämlich verhandeln, sie beruht auf Regeln, Abmachungen und Ordnungen. Für die Liebe trifft so etwas nicht zu. Liebe geht über solche Ordnung hinaus. Bei der Liebe ist man auf unbewusste Bedingungen angewiesen, die man, weil sie unbewusst sind, nicht kennt und deshalb weder zur Disposition stellen noch verhandeln kann.

Womit nun können sich Therapeuten befassen? Mit der Partnerschaft oder mit der Liebe? Die meisten behaupten ja, mit der Liebe zu arbeiten, und teilweise sprechen sie sogar davon, die Liebe zu lehren. Einen Hinweis zur Beantwortung dieser Frage liefert Michael L. Moeller. Er berichtet, zehn große Beziehungsexperten nach den zentralen Eigenschaften einer glücklichen Beziehung befragt zu haben, und schildert deren Antworten:

Integrität; Frustrationstoleranz; Respekt; Gesprächsbereitschaft; Konfliktfähigkeit; Zuhören; Verlässlichkeit; Geborgenheit; Verträge und daher sich vertragen; Vertrauen und Ehrlichkeit. Alle zehn – unter ihnen nur eine Frau – gaben spontan aus ihrer großen Erfahrung jeweils ein anderes Moment an. Das beeindruckte mich zunächst am stärksten. Noch verblüffender war allerdings die fehlende Aussage einer gleichsam abwesenden Person: die Liebe. Allen war klar, dass sie entscheidend ist; keiner hatte sie erwähnt.[101]

Dass die Liebe als zentrale Eigenschaft einer glücklichen Beziehung von den zehn befragten Experten nicht erwähnt wurde, ist wohl kein Zufall. Es liegt darin begründet, dass sich die Liebe der Verfügbarkeit entzieht, auch der therapeutischen Verfügbarkeit, und es sich für Therapeuten daher nicht lohnt, sich direkt mit ihr zu befassen.

Therapeuten arbeiten im Grunde mit der Partnerschaft. Sie widmen sich partnerschaftlichen Themen wie beispielsweise Regeln, Ausgleich, Gerechtigkeit, berühren damit jedoch den Kern der Liebe nicht. Er scheint unberührbar zu sein, denn:

Liebe ist etwas ganz anderes als Demokratie oder gar Herrschafts-freiheit. Sie ist Überwältigung und/oder freiwillige Unterwerfung. In der Liebe lassen sich keine Ansprüche ableiten oder geltend machen. Sie ist weder Verdienst, noch lassen sich in und mit ihr Verdienste erwerben. Sie entzieht sich jeder Vertragsfähigkeit. Sie kann weder erzwungen noch jemandem geschuldet werden.[102]

Obwohl sie sich mit der Partnerschaft befassen, behaupten viele Therapeuten, zuverlässig auch an der Liebe zu arbeiten. Sie räumen zwar ein, die Liebe nicht »machen« zu können, versprechen dann aber, der Liebe den Boden zu bereiten oder ihr unwiderstehliche Gelegenheiten zu bieten. Sie behaupten beispielsweise, nicht die Liebe selbst, aber ihre Bedingungen wären herstellbar, und dieser Verlockung könne die Liebe nicht widerstehen. Zudem könne sie durch richtiges Verhalten zuverlässig erhalten werden.

Einig zu sein scheinen sich die meisten Therapeuten deshalb in der Überzeugung, das Ende einer Liebe sei stets auf fehlerhaften partnerschaftlichen Umgang zurückzuführen. Michael L. Moeller ist überzeugt:

Nach zwei Jahrzehnten Praxis in der Paarpsychoanalyse bin ich gewiss, dass dieser Zerfall der Liebe kein unvermeidbares Schicksal ist, sondern Minute für Minute als hausgemacht angesehen werden muss.[103]

Die Liebe zerfällt, weil die Partner Fehler machen. Solchen
Auffassungen begegnen wir auch in der Literatur, beispielsweise in den Tagebüchern der Anaïs Nin:

Die Liebe stirbt nie einen natürlichen Tod. Sie stirbt, weil wir das
Versiegen ihrer Quelle nicht aufhalten, sie stirbt an Blindheit
und Missverständnissen und Verrat. (...) Jeder Liebende könnte
des Mordes an seiner eigenen Liebe bezichtigt werden.[104]

Folgt man solchen Aussagen, hält man im Grunde alle Menschen für liebesunfähig. Aber sind diese Zeilen nicht vor allem
eine hilflose Auflehnung gegen die Unwillkürlichkeit und stets
drohende Vergänglichkeit der Liebe?

Natürlich ist es labend, wie Anaïs Nin es ausdrückt, aus der
Quelle der Liebe zu trinken. Doch wie könnte man das Versiegen
einer Quelle aufhalten? Ihr Ursprung bleibt verborgen, niemand
kann sie auffüllen. Und wenn es möglich wäre, was würde dann
aus der Quelle herauskommen? Quellwasser sicherlich nicht,
eher Leitungswasser. Ist die Quelle nicht deshalb so wertvoll,
weil sie ein Geschenk ist, eine Gabe der Natur? Ist die Vergänglichkeit der Liebe nicht zugleich Bedingung ihres Daseins? Ergibt sich ihr hoher Wert nicht daraus, dass sie dem Willen entgleitet und sich einem beabsichtigten Zugriff entzieht?

Das Bedürfnis nach einer »Therapie der Liebe« ist verständlich. Der Mensch sehnt sich nach Verbundenheit, und wenn sie
ihm abhanden kommt, gerät er in Panik. Deshalb versucht er,
die Liebe in den Griff zu bekommen. Doch wäre so etwas wirklich wünschenswert? Stellen wir uns eine Liebe vor, die dem
Willen und der Absicht der Menschen gehorchen würde. Was
immer darin geschähe, es würde dem Ego entsprechen und
daher nicht von der Isolation darin befreien können.

Eine willkürliche Liebe könnte ihren Auftrag, den Menschen
über seine Begrenzungen hinwegzuheben, nicht erfüllen. Wozu
sollte sie gut sein?

Liebe geschieht trotz des Ich, nicht durch das Ich. Sie liegt außerhalb von Absicht und Kontrolle, weshalb sie besungen und verehrt wird. Eine kontrollierbare Liebe wäre unvermeidbar das Ende der Liebe, von der wir uns beglückt fühlen. Menschen wollen sich liebend mit etwas verbinden, das größer ist als sie, dem sie sich anvertrauen können, in das sie sich fallen lassen können. Liebe ist größer. Sie muss daher rätselhaft bleiben, um Liebe bleiben zu können.

Liebe entzieht sich dem Einfluss des Wollens, ganz gleich, ob es sich um das Wollen der Partner oder das eines Therapeuten handelt. Es wäre demnach besser, wenn Experten von »Spielregeln der Partnerschaft« anstatt von »Spielregeln der Liebe« sprächen, wenn sie sich auf eine Therapie der Partnerschaft beschränkten und einer Therapie der Liebe absagten. Eine Therapie der Liebe, eine zielgerichtete »Arbeit an der Liebe«, kann es nicht geben.

Arnold Retzer weist darauf hin, dass der Therapeut es mit Paaren zu tun hat, die nicht oder nicht mehr im Sinnsystem der Liebe operieren. Der Therapeut könne nun lediglich anregen, im Sinnsystem Liebe zu operieren.

Es entsteht die Möglichkeit, den Problemen, Schwierigkeiten und Unmöglichkeiten des Sinnsystems Paarbeziehung mit der Ressource der Verfügbarkeit des Sinnsystems Liebe zu begegnen (...). Dadurch wird dann zwar kein Vertragen möglich (ein Konzept, das nur im Sinnsystem Partnerschaft Sinn macht), aber ein Ertragen (etwas, was seinen Ort im Sinnsystem Liebe hat).[105]

Dass die Liebe die Partnerschaft stützt und erträglich macht, funktioniert jedoch nur, wenn der Wechsel vom System Partnerschaft zum System Liebe gelingt, wenn also Brücken gebaut werden können und demzufolge noch genügend Liebe vorhanden ist.

FAZIT

Eine »Therapie der Liebe« ist nicht möglich. Ich ziehe es daher
vor, das Hantieren der Therapeuten mit der Liebe als Hantieren
mit Geheimnissen zu betrachten, und schließe mich der Meinung von Arnold Lazarus an:

Viele Beziehungen können verbessert werden und Entwicklungs-
möglichkeiten für beide Partner bringen – außer, wenn die
Liebe erloschen ist oder grundsätzliche Unvereinbarkeiten vorhanden sind.[106]

PAARTHERAPIE

Mir liegt es fern – ich muss nochmals darauf hinweisen –, die
Paartherapie zu entwerten oder zu verwerfen. Zwar kann sie
keine zielgerichtete Arbeit an der Liebe, ja nicht einmal eine
zielgerichtete Beziehungsarbeit gewährleisten und wenig zum
Aufbau der erträumten Idealbeziehung beitragen. Aber sie hat
mit ihren zahlreichen Ansätzen den Partnern dennoch viel zu
bieten.

Denn in der Tat können Spannungen im partnerschaftlichen
Kontakt, ineffektive Kommunikation oder kindliche Erwartungen an den Partner und an die Beziehung der Liebe Raum
nehmen und sie beschädigen. Es wäre verwunderlich, wenn
Liebesgefühle von Missverständnissen und Machtkämpfen un-
berührt blieben, und Missverständnisse und Machtkämpfe sind
in Beziehungen nicht zu vermeiden. Können sie von den Partnern nicht selbst aufgelöst werden, wird ein Therapeut dabei
hilfreich sein. Deshalb kann Paartherapie dort ansetzen, wo
akute Hilfe gesucht wird.

Nach Jürg Willi sind 60 Prozent aller beratenen Partner ein
Jahr nach einer Paartherapie noch zusammen. Meiner Ansicht
nach hängt dieser Erfolg der Paartherapie damit zusammen,

dass viele Partner, die den Weg in die Therapie finden, noch auf Liebe zurückgreifen können. Sie sind daher motiviert, ihre Beziehung zu erhalten. In diesen Fällen kann die Therapie oftmals den gewünschten Erfolg bescheren und der vorhandenen Liebe Raum verschaffen. Deshalb halte ich die Paartherapie für sinnvoll. Ob sie im jeweils konkreten Fall nützt, kann man jedoch nur während der Therapie herausfinden. Daher möchte ich jedes Paar zum Versuch ermutigen, seine Beziehung durch Paartherapie zu retten oder zu verbessern, solange ihm das lohnend erscheint.

Die relativ hohe Quote von 40 Prozent der beratenen Paare, die sich innerhalb eines Jahres nach Abschluss der Paartherapie trennen, hat ihre Ursache weniger in mangelnder Befähigung der Paartherapeuten, eher steht eine verborgene Motivation vieler Partner dahinter. Wahrscheinlich kommen zahlreiche Paare in eine Beratung, weil sie unbewusst Hilfe zur Trennung suchen. Das gilt auch dann, wenn sie selbst bewusst vom Gegenteil ausgehen. In solchen Fällen unterstützt Paartherapie die Trennung, weil sie dem Individuum zu seiner Selbstbehauptung verhilft.

Meine in diesem Buch geäußerte Kritik zielt, wie schon erwähnt, nicht auf die Paartherapie, sondern auf die angeblich mögliche Übertragung therapeutischer Konzepte in das Paarleben, und natürlich auf die Behauptung, Liebe und Partnerschaft seien auf diesem Wege wunschgemäß gestaltbar. Ich richte mich damit gegen jedes normative und damit zielgerichtete Vorgehen, das von Therapeutenseite ausgeht und das sich hinter solch scheinbar harmlosen Begriffen wie beispielsweise dem der »Reife« verbirgt. Vertreter solcher zielgerichteten Ansätze und deren Vorstellungen habe ich etliche zitiert.

Nun lassen sich auf dem Markt der Paartherapie Entwicklungen beobachten, die auf normative Vorstellungen, zielgerichtetes Vorgehen und Machbarkeitsversprechen gänzlich verzichten. Diese habe ich vorwiegend im Bereich der systemischen

Therapien und dort vor allem bei den Psychologen und Autoren Ulrich Clement und Arnold Retzer gefunden.

Clement und Retzer verzichten in ihrer Therapie auf inhalt-
liche Vorgaben, »um den Möglichkeitsraum nicht durch Ideen
›gesunder‹ Beziehungen einzuengen, die ja immer dogmatische,
weil menschenbeglückende Ideen sind« (Clement). Der Verzicht
auf konzeptuelle Vorgaben in diesem systemischen Ansatz
zeigt sich bereits in der Bedeutung, die der Auftragsklärung
zukommt. Die Therapieziele zu beschreiben liegt allein bei
den Partnern, und es »laufen keine Vorstellungen mit, was
männlich/weiblich sei, was gute Partnerschaft ausmache usw.«
(Clement). Vielmehr wird davon ausgegangen, »dass Partner-
wahrheiten Konstruktionen sind, die vor allem nach ihrer Gang-
barkeit und nicht nach ihrem ›wirklichen Wert‹ beurteilt werden« (Clement). Bei der Therapie geht es vor allem darum »zu
wissen, wovon ich meine Klienten wegbringen will, ohne dass
ich wissen muss oder weiß, wohin ich sie zu bringen habe«
(Retzer).

Darüber hinaus scheint aus meiner Sicht dieser Ansatz der
Paartherapie der bisher einzige zu sein, der zwischen den Bindungsmotiven Liebe und Partnerschaft unterscheidet. Arnold
Retzer beschreibt die Aufgabe seines systemischen Ansatzes
mit den Worten:

Der systemische Paartherapeut stellt zweierlei zur Verfügung:
zum einen eine Kommunikationssituation, in der man sich
selbst beobachten und über sich nachdenken kann, ohne zu bestimmten Konsequenzen gezwungen zu werden, und zum
zweiten eine Beziehung, die von der Methode der Neutralität
geleitet ist. Das heißt, der Paartherapeut vermeidet es, sich
mit seinem Paar in Wertungen, Allianzen und Koalitionen zu
begeben, und ermöglicht oft gerade dadurch eine ganz neue
Erfahrung.[107]

In Bezug auf den Begriff »systemisch« betont Arnold Retzer allerdings ausdrücklich, dass »die Bandbreite der Personen und Konzepte, die inzwischen alle unter dem Etikett ›systemisch‹ segeln, schon abenteuerlich ist, seitdem die konservativ-reaktionären normativen Ansätze und Dogmen von Hellinger ihre Anhänger gefunden haben.«

Sieht man von solchen dogmatischen Ansätzen ab, stellt man fest, dass in die Paartherapie Bewegung gekommen ist. Man begegnet mittlerweile Aussagen wie der folgenden, die den Ansichten vieler traditioneller Paartherapeuten widersprechen wird:

In Liebesbeziehungen gilt dem Gefühl die höchste Priorität, und gerade die Überwindung aller rationalen Zwänge macht das Glück aus. Daher muss auch Untreue kein Problem in der Liebe sein, wenn sie nicht von Angst, Zweifel oder Besitzansprüchen diktiert ist.[108]

Auch das Lamento über schädliche gesellschaftliche Entwicklungen, die das Paar durch Beziehungsarbeit neutralisieren soll, über Zeitknappheit und die negativen Auswirkungen des Fernsehens sind dort nicht zu finden. Es wird nicht einmal von Versagen gesprochen, wenn Partner auseinander gehen. Stattdessen betonen beispielsweise die Familientherapeuten Matthias Ochs und Rainer Orban in ihrem empfehlenswerten Buch *Was heißt schon Idealfamilie?:* »Scheidung und Trennung sind etwas Normales« und scheuen sich nicht, »positive Auswirkungen von Scheidung und Trennung« auf die Scheidungskinder zu benennen.[109]

Da wird nicht von mangelhafter Arbeit an der Liebe und von angeblicher Beziehungsunfähigkeit, sondern von manchmal unvermeidbaren Entwicklungen gesprochen. Es tut gut, solche ideologiefernen Ansätze in der Paartherapie zu finden.

TEIL 2
DER MYTHOS DER STEUERUNG

KANN EIN MENSCH SICH SELBST STEUERN?

Blaise Pascal (im 17. Jahrhundert):
Weißt du, wie du Gott zum Lachen bringen kannst?
Erzähl ihm deine Pläne.[110]

Wer träumt nicht davon, sein Leben lenken zu können? Viele
Menschen sind davon überzeugt, dass so etwas möglich sei. Im
Denken der Menschen hat sich heute ein Mythos der Steuerung
des Lebens eingenistet. Er verspricht nicht weniger als *alles*. Seine
zentrale Aussage lautet: Du kannst alles haben, werden, sein,
erreichen, wenn du es nur genügend willst. Jugend, Gesundheit,
Erfolg und Reichtum gehören selbstverständlich zu den Versprechen des Machbarkeitsglaubens, ebenso wie die Aussicht, das
eigene Innenleben, Gefühle und Imaginationen beherrschen und
damit sein Glück gestalten zu können. Selbstverständlich gehört
auch die Vorstellung, seine Beziehungen in den Griff zu bekommen, zu den Verlockungen des Steuerungsmythos.

Die Aussicht, sein Leben kontrollieren und beherrschen zu
können, erscheint derart verlockend, dass es sich lohnt, den
Begriff der Steuerung und die dahinter stehenden Vorstellungen näher zu betrachten. Dazu möchte ich, bevor es um die
Frage geht, ob Beziehungen steuerbar sind, bei der Frage ansetzen, inwieweit ein Individuum sich selbst steuern kann.

DER BEGRIFF DER STEUERUNG

Der Begriff der Steuerung lässt sich anhand eines Bildes erläutern. Der Kapitän eines Segelschiffes, der zur Zeit des Christo-
pher Columbus sein Schiff durch die Meere steuert, möchte

selbstredend sein Schiff sicher in den heimatlichen Hafen führen. Dazu benötigt er zahlreiche Informationen. Einige dieser Informationen kann sich der Kapitän selbst beschaffen, die meisten und wichtigsten stehen ihm jedoch nicht zur Verfügung, weil sie aus Bereichen außerhalb seines Blickfeldes und seines Einflusses stammen.

Zu diesen Bereichen gehört die Umwelt. Schließlich überschaut der Kapitän lediglich einen mikroskopisch kleinen Ausschnitt des Meeres. Ob sich hinter dem Horizont ein Tornado zusammenbraut, ob er in einer wochenlangen Flaute dümpeln wird, ob gerade ein Tsunami auf ihn zurollt, ob er sich in Untiefen hineinmanövriert, ob seine Seekarte zuverlässig ist, ob er sich auf Kollisionskurs mit einem Eisberg befindet, ob sich gerade ein Pirat auf seine Fersen heftet – über diese und unzählige weitere Informationen verfügt der Kapitän nicht. Doch nicht nur die Umwelt, sogar sein eigenes Schiff hat er nur teilweise im Blick. Ob die Segel halten werden, ob einige Planken Wasser ziehen, ob die Mannschaft gesund und zuverlässig bleibt, ob das Wasser in den Fässern faulen oder die Nahrung schimmeln wird, das und vieles mehr weiß er ebenfalls nicht. Der Kapitän hat demnach ein permanentes Informationsdefizit, das ihn, wie Tausende seiner Kollegen zuvor, auf den Grund des Meeres schicken könnte.

Dieses Defizit deutet auf die grundlegende Schwierigkeit jeder Steuerung hin. Um sicher zu steuern, braucht man unzählige Informationen, und man braucht sie, *bevor* entsprechende Entscheidungen getroffen werden. Das gilt auf See wie im Leben, mit dem Unterschied, dass sich die Steuerung des Lebens noch vielfach komplexer und schwieriger darstellt als die eines Schiffes.

BEWUSSTSEIN UND NICHTWISSEN

Jeder Mensch ist, was die Verwirklichung seiner Absichten und Pläne betrifft, mit einem gigantischen Informationsproblem konfrontiert. Er überblickt stets nur einen kleinen Teil seiner

Innenwelt, etwa seines Körpers. Organzustände und Vorgänge auf Zellebene bleiben ihm verborgen, auch seine Gefühls- und Gedankenwelt kann er nur in Ausschnitten erfassen. Daneben sind ihm die Struktur seiner Wahrnehmung, frühkindliche Erfahrungen, Hoffnungen und Zukunftserwartungen und anderes unbekannt. Man kann deshalb ohne Übertreibung sagen, das meiste seiner Innenwelt bleibt dem Bewusstsein des Menschen verborgen.

Auch die Wahrnehmung des sozialen, wirtschaftlichen und politischen Umfeldes, dessen gegenwärtige Entwicklung und zukünftige Einflüsse ist von diesem Informationsdefizit geprägt. Der Mensch verfügt, im Unterschied zu einem Kapitän, nicht einmal über verlässliche Karten, die ihm Wege zu seinen Zielen weisen könnten. Er verfügt durch die in den ersten Lebensjahren entstandene Realitätswahrnehmung lediglich über eine krakelig gezeichnete und mittlerweile verwaschene »Landkarte« des Lebens, nach der er sich völlig intuitiv und unbewusst richtet. Diese Landkarte ist jedoch bereits 20, 30 oder mehr Jahre alt und zudem aus einer verzerrten Perspektive heraus gezeichnet. Sie führt ihn oft in die Irre und ist daher von begrenztem Nutzen, weil sich die Welt, die sie abbildet, in stetem Wandel befindet. Wo damals noch eine Oase lag, befindet sich heute eine Wüste. Was gestern zuverlässig Erfolg und Gewinn versprach, beschert heute Misserfolg und Schulden. Wo gestern noch eine Partnerschaft war, tobt heute eine Scheidungsschlacht.

Die komplexen Informationen und komplizierten Zusammenhänge der Innen- und Außenwelt sind jederzeit vorhanden. Sie bleiben dem menschlichen Bewusstsein aufgrund ihrer unendlichen Zahl und Ausdehnung allerdings verborgen. Sie sind aus einem einzigen und einfachen Grund unbewusst: weil der Mensch zu einem gegebenen Augenblick nicht davon weiß. Die meiste in der Welt vorhandene Information gehört demnach zum *Nichtwissen*.

UNBEWUSSTE STEUERUNG

Dass man von Zusammenhängen und Informationen nicht weiß, setzt deren Wirkung nicht außer Kraft. Das, was wir nicht wissen, findet trotzdem statt. Auch wenn ich nicht weiß, warum ich Schokoladenpudding nicht mag, entscheide ich mich dagegen, ihn zu essen. Nur habe ich mich keinesfalls *bewusst* dagegen entschieden, sondern aufgrund unbewusster (nichtgewusster) Zusammenhänge.

Das kleine Beispiel Schokoladenpudding deutet an: Das Verhalten des Menschen wird unbewusst gesteuert, und das zum allergrößten Teil. Diese unbewusste Steuerung läuft folgendermaßen ab: Das Gehirn nimmt ständig Sinneseindrücke auf, die es deuten muss, um einen Sinn darin zu finden. Sinn in einer Wahrnehmung zu finden ist Voraussetzung dafür, zu einer Handlungsoption zu gelangen. Um Sinn zu finden, durchforscht das Gehirn in Sekundenbruchteilen das Gedächtnis, jenes Informationslager, in dem sämtliche Lebenserfahrungen gespeichert sind. Dort findet es eine vorhandene Deutung des Wahrgenommenen, aus der sich Sinn ergibt, aus dem sich wiederum Handlungsanweisungen ableiten. Dieser komplexe Vorgang läuft blitzschnell und vom Bewusstsein unbemerkt ab. Die Hirnforschung konnte inzwischen nachweisen, dass Entscheidungen bereits unbewusst getroffen sind, bevor das Bewusstsein davon Kenntnis erhält.

Das bedeutet: Menschliche Handlungen werden vorwiegend unbewusst gesteuert. Das Unbewusste bestimmt im Grunde über das gesamte Leben des Menschen, über Verhalten, über Vorlieben und Abneigungen, Anziehung und Abstoßung, über Lebensträume, Persönlichkeitsstruktur und vieles mehr. Das Nichtwissen spielt bei den Entscheidungen des Lebens die entscheidende Rolle. Wer sich für die überaus interessanten diesbezüglichen Erkenntnisse der aktuellen Hirnforschung interessiert, sei auf die Bücher von Gerhard Roth und Wolfgang

Singer verwiesen. Sie kommen zu dem Schluss, dass Menschen
weit mehr emotional als bewusst gesteuert sind.

Emotionen entscheiden über das Verhalten, nicht Gedanken.
Wie der Neurobiologe Professor Antonio R. Damasio sagt, liegt
der Zweck von Emotionen gerade darin, unbewusste Entscheidungen zu treffen:

Wenn Sie ein Eichhörnchenmännchen wären und ein absolut
umwerfendes Eichhörnchenweibchen auf der anderen Seite
des Gartens sähen, wären Sie – schwups – bei ihm. Weil Ihnen Ihr
klarer Verstand gesagt hätte: »Das ist die Richtige«? Nein, es
waren Ihre Emotionen.[111]

Emotionale Entscheidungen sichern das Überleben, weil bewusste Entscheidungen, vor allem in kritischen Situationen, viel
zu lange dauern würden. Die Gefühle des Menschen sind, wie
Gerhard Roth feststellt, gegenüber dem Verstand dominant:

Diese Dominanz der Emotionen gegenüber der Vernunft ist
biologisch sinnvoll, denn sie sorgt dafür, dass wir dasjenige tun,
was sich in unserer gesamten Erfahrung bewährt hat, und das
lassen, was sich nicht bewährt hat, Gefühle sind sozusagen diese
Gesamterfahrung in konzentrierter Form; sie könnte in entsprechenden Details niemals bewusst repräsentiert werden.[112]

Das Verhalten der Menschen wird fast ausschließlich von fest
strukturierten Gefühlen bestimmt, nicht von Überlegungen. Verhalten steht der willentlichen Verfügung nur sehr begrenzt offen.

VOM WILLEN UND DER FREIEN WAHL

Dennoch haben Menschen das gegenteilige Gefühl. Wir glauben, unsere Entscheidungen bewusst herbeigeführt zu haben
und unser Verhalten bewusst steuern zu können. Wir erliegen

sogar dem Eindruck, wir könnten völlig frei zwischen verschiedenen Handlungsmöglichkeiten wählen. Eine solche »freie« Wahl existiert jedoch nicht. Das liegt nicht nur an den Umwelteinflüssen, sondern auch daran, dass bewusste Entscheidungen stets der »inneren Ermächtigung« bedürfen, der Zustimmung durch die eigene Gefühlswelt.

Beispielsweise mag jemand verkünden: »Ich habe nach reiflicher Überlegung entschieden, Lehrer und nicht Schlagersänger zu werden«, und er weiß etliche rationale Gründe für diese angeblich bewusst gefällte Entscheidung zu nennen. Tatsächlich aber ergibt sich eine solche Entscheidung nicht aus dem Bewusstsein zugänglichen Informationen und deren reiflicher Abwägung, sondern aus einer emotionalen Motivlage. Darin sind frühe Lebenserfahrungen, Wunschträume, Gefühle, Illusionen und mehr enthalten. Diese Erfahrungen und Prägungen schieben der Berufswahl »Schlagersänger« einen dicken Riegel vor. Derjenige kann kein Schlagersänger werden, weil er nicht davon träumt, berühmt zu werden, weil er zu gehemmt ist, um vor Publikum zu singen, weil er weder auf Anerkennung noch auf Beifall aus ist, weil ihn nichts Inneres auf die Bühne treibt. Sattdessen folgt er dem inneren Motiv, anderen zu helfen, oder freut sich über einen sicheren Beamtenstatus.

Das Beispiel zeigt, dass keine bewusste Wahlmöglichkeit besteht, die diesen Namen verdient. Trotzdem hat jeder Mensch den Eindruck, frei wählen zu können. Er unterliegt diesem Irrtum, weil sein Gehirn die Illusion hervorruft, das Bewusstsein hätte eine Entscheidung absichtlich und überlegt herbeigeführt. Das Gehirn greift dabei, so sagt Gerhard Roth, zu einem Trick:

Das Gefühl, etwas zu wollen, kommt erst, nachdem das limbische System schon längst entschieden hat, was getan werden soll. Die Quintessenz ist, dass dieses System die letzte Entscheidung

darüber hat, ob wir etwas tun oder nicht, und zwar aufgrund
unserer gesamten, unbewusst vorliegenden Handlungserfah-
rung (...). Das Bewusstsein kann (...) nicht herausbekommen, woher
Gedanken, Gefühle und Antriebe kommen, und nimmt fälschlich
an, dass sie von ihm selbst stammen oder »aus heiterem Himmel«.
Gleichzeitig stellt unser Bewusstsein fest, dass das Gehirn und
unser Körper etwas tun, und hält sich ebenso fälschlich für den
wahren Verursacher.[113]

Im limbischen System, dem organischen Sitz des Unbewussten,
wird die Entscheidung getroffen, bevor sie bewusst wird, und
das Bewusstsein nimmt sie als eigene Entscheidung an. Auf
diese Weise entsteht die Überzeugung, man habe das, was man
tut, absichtlich gewollt. Diese Täuschung des Gehirns ermöglicht es dem Menschen, mit sich selbst eins zu sein. Andernfalls
würde das Ich die Entscheidungen des Unbewussten wie von
außen aufgezwungene Befehle erleben. Das Bewusstsein würde
sich gegen diese scheinbaren Fremdentscheidungen wehren,
zumal diese Entscheidungen oft nicht zu den bewussten Absichten der Person passen oder diesen sogar widersprechen.
Aufgrund des Tricks seines Gehirns braucht der Mensch sich
nicht gespalten und zerrissen zu fühlen und kann mit gutem
Gewissen von sich als einer Einheit ausgehen.

Das Individuum handelt, ohne über seine Handlungen frei
bestimmen zu können. Zwar sind alle Informationen, die zu
den entsprechenden Handlungen führen, jederzeit vorhanden,
aber sie befinden sich im Nichtwissen, das der Mensch niemals
überblicken wird. So ist er in seinen Handlungen gewissermaßen sich selbst ausgeliefert, seinem eigenen Unbewussten und
dessen Strukturen; und ebenso den überraschend aus dem außerhalb der Person liegenden Nichtwissen auftauchenden Informationen.

Die Ausdehnung des Nichtwissens und die Auswirkungen
des damit verbundenen Informationsdefizits lassen sich aus

den Problemen und Schwierigkeiten, Hindernissen und Sackgassen ableiten, in die Menschen hineingeraten. Obwohl sie
ihr Bestes geben und um Steuerung bemüht sind, stoßen ihnen
ständig unvorhersehbare Dinge zu. Sie werden krank, haben
Unfälle, werden entlassen, werden vom Partner verlassen, werden kriminell, gehen Pleite, werden süchtig oder erleben etwas
anderes Ungeplantes. Das Nichtwissen muss sich allerdings
nicht in jedem Fall negativ auswirken, es kann sich ebenso
positiv ins Bewusstsein einmischen, beispielsweise mit einer
überraschenden Verliebtheit, den richtigen Lottozahlen oder
einer Entscheidung, die sich nachträglich als segensreich erweist. Betrachtet ein Mensch sein Leben von dessen Ende her,
zeigt sich jedoch immer, dass die wichtigen Ereignisse und
Entscheidungen aufgrund nicht zu steuernder Einflüsse erfolgt
sind. Man nennt das dann Intuition, Glück, Zufall oder Schicksal, nur ignorante Zeitgenossen sprechen von Können.

Aufgrund der geschilderten Zusammenhänge erweist sich
die Vorstellung, der Mensch könne sich bewusst steuern, als
schöner Wunschtraum. Menschen sind in ihren Handlungen
nicht frei, nicht gegen ihre Umwelt und nicht gegen sich selbst.
Sie handeln überwiegend weder absichtlich noch geplant, sondern aufgrund unbewusster Motive und emotionaler Zwänge.
Bei den Handlungen der Individuen spielen Gefühlswelt, Her-
kunft, Prägung, Träume, Hoffnungen, Ängste, Sehnsüchte und
Zwänge meist die ausschlaggebende Rolle, ganz abgesehen von
den Einflüssen des sozialen und familiären Umfeldes, denen
sich kein Mensch entziehen kann.

Über Erfolgs- und Glücksplanung, den angeblich freien Willen, die Illusion der Steuerung und den Einfluss des Nichtwissens auf das Leben habe ich ausführlich in meinem Buch *Die
Glückslüge* geschrieben.[114]

WAS MENSCHEN BEWUSST TUN KÖNNEN

Die Behauptung, menschliche Handlungen würden vorwiegend unbewusst gesteuert, ruft schnell massiven Protest hervor. Solch ein Standpunkt sei deterministisch und würde jede Handlungsfreiheit leugnen. Diese Einwände sind, auch wenn es sich vorwiegend um Einwände des »Ich« handelt, das an der Illusion der bewussten Steuerung festhalten möchte, es dennoch wert, genauer untersucht zu werden.

Natürlich sind wir nicht dem Schicksal und dem Zufall hilflos ausgeliefert. Wir können durchaus etwas tun.

Der Psychologe und Therapeut Arist von Schlippe spricht in diesem Zusammenhang davon, der Mensch könne zur Richtung, die sein Leben nimmt, »beisteuern«. Um im Beispiel des Segelschiffes zu bleiben, kann er die eingeschlagene Richtung gegebenenfalls beeinflussen, wenn Wind und Wellen günstig stehen. Er kann Segel setzen oder einholen, das Ruder bewegen oder einen Anker werfen. Auch wenn diese bewussten Einflussmöglichkeiten auf das passende Wetter angewiesen sind und der Kapitän nicht verhindern kann, unter Umständen von Wind, Wellen und Strömungen in unbekannte Gewässer getrieben zu werden oder auf Klippen zu zerschellen, sind sie dennoch vorhanden.

Der Mensch kann – aufgrund bewusster Anstrengungen – etwas tun. Es stellt sich allerdings die Frage, wozu er die Mühe auf sich nehmen sollte, sich in die komplexen Zusammenhänge seiner unbewussten Entscheidungsprozesse einzumischen? Schließlich funktioniert seine Steuerung ganz von selbst. Darin, dass sie automatisch abläuft, besteht ja der Sinn unbewusster Steuerung. Sie lässt uns Dinge tun, ohne darüber nachdenken und uns ständig dafür anstrengen zu müssen. Erst ihre automatisierten Abläufe ermöglichen es dem Menschen, sich in seiner komplexen Umwelt einigermaßen sicher zu bewegen.

Unbewusste Steuerung funktioniert. Das Boot folgt seinem gewohnten Weg – bis ein Problem auftaucht. Wo vorgestern noch offenes Wasser war, hat sich gestern eine Sandbank gebildet, auf die das Boot heute aufläuft. Die unbewusste Steuerung hat versagt. Jetzt weiß das Unbewusste nicht weiter und schlägt Alarm. Es ruft das Bewusstsein zu Hilfe, damit dieses eingreift und nach Handlungsoptionen sucht. Der Kapitän bietet nun alle Verstandeskraft auf, um sein Boot aus der Notlage zu befreien. Auf der Sandbank gestrandet, von der Gefahr bedroht, sein Boot könne auseinander brechen, nimmt er die Anstrengung bewusster Handlungsplanung auf sich. Diese bewusste Entscheidungsfindung dauert zwar sehr viel länger als unbewusste Prozesse, bietet jedoch die einzig verbleibende Möglichkeit, das Boot frei zu bekommen. Jetzt kann man vom Eingreifen des Bewusstseins in die Handlungen sprechen, und wenn das Wetter mitspielt und vorhandene Ängste nicht die Oberhand gewinnen, kann der Kapitän seine Fahrt fortsetzen.

Das geschilderte Szenario beantwortet die Frage, wann Menschen die Anstrengung bewusster Steuerung auf sich nehmen: Wenn sie in eine Krise geraten, wenn die unbewusste Steuerung sie im Stich lässt, wenn sie gezwungen sind, ihre »Programme« durch reflektiertes Verhalten zu ersetzen. Übersetzen wir das in ein Alltagsbeispiel.

Ein Kind hat gelernt, sich mit Trotz durchzusetzen. Das funktionierte bei seinen Eltern gut und wird unbewusste Basis seines Verhaltens in entsprechenden Situationen. Aus dem Kind wird ein Erwachsener mit gleichen Verhaltensgewohnheiten. Derselbe Trotz funktioniert in der Partnerschaft allerdings nicht, sondern bringt sie an den Rand des Abgrunds. Aus dem einfachen Grund, weil sich der Beziehungspartner anders als die Eltern verhält. Seine unbewusste Steuerung hat den Partner in eine Sackgasse auswegloser Machtkämpfe geführt, eine Beziehungskrise entsteht. Jetzt schlägt das Unbewusste Alarm und fordert das Bewusstsein auf, nach anderen Verhaltensmöglichkeiten zu suchen, die den befürchteten Schmerz (einer Trennung) vermeiden sollen.

Wenn etwas unerwartet Negatives passiert, wenn Absichten durchkreuzt werden, wenn die unbewusste Steuerung schmerzliche Erfahrungen beschert, dann geraten Menschen in eine Krise. Krisen werden durch überraschend aus dem Nichtwissen auftauchende Informationen ausgelöst, die nicht zum gegenwärtigen Inhalt des Bewusstseins passen. Der Mensch gerät in die Krise, weil er plötzlich etwas weiß oder erfährt, von dem er vorher nicht wusste. Solche überraschenden Informationen tauchen immer wieder auf, und deshalb sind Krisen unvermeidlich.

Jetzt leidet der Mensch, jetzt muss er etwas tun, um aus der Krise zu entkommen. Auf sein Unbewusstes kann er sich dabei nur sehr begrenzt verlassen, es hat ihn schließlich in die Krise geführt oder sie zumindest nicht verhindert. Da es hilflos ist und nicht weiterweiß, ruft es nun das Bewusstsein zu Hilfe. Das heißt:

Erst in einer Krise fängt der Mensch überhaupt an, bewusst nach neuen Wegen und Möglichkeiten zu suchen.

Durch die Krise und aufgrund der durch sie hervorgerufenen Leiden entsteht genügend Motivation zur Veränderung. Diese Motivation gibt dem Menschen die Chance, Abschnitte der Landkarte seiner Wahrnehmung zu aktualisieren und durch bewusste Anstrengungen etwas Wichtiges dazuzulernen. Diese Stunde des Bewusstseins schlägt, davon bin ich wie der Hirnforscher Gerhard Roth überzeugt, allerdings nur in Krisen; und das anschließende »Steuern durch die Krise« ist aufwändig und kostet viel Kraft. Professor Roth sagt dazu:

Der Grad möglicher Veränderungen nimmt mit zunehmendem Alter rapide ab, und es bedarf dann dramatischer Lebenskrisen, wenn es im Erwachsenenalter noch zu größeren Veränderungen kommen soll.[115]

In der Krise, da können wir etwas tun! Da ruft das Gehirn nach Erweiterung der Wahrnehmung, nach neuen Konzepten und

Verhaltensmöglichkeiten. Dann heißt es zu lernen! Ist die benötigte neue Fähigkeit erlernt, löst sich die Krise auf, und das
mühsam Erlernte fügt sich als neue Verhaltensgewohnheit ins
Unbewusste ein.

FAZIT ZUR SELBSTSTEUERUNG

Dem Wunsch des Individuums, sich bewusst zu steuern, steht
ein unüberwindbares Informationsproblem entgegen. Weil das
Bewusstsein nur wenige Informationen gleichzeitig handhaben kann, hängt menschliches Verhalten überwiegend von unbewussten Entscheidungen ab. Bewusste Anstrengungen werden – wenn überhaupt – erst unternommen, wenn die unbewusste
Steuerung in eine Sackgasse geführt hat.

Der Mensch kann sich nicht bewusst steuern. Nur wenn
man Bewusstsein und Unbewusstes im Begriff des »Selbst«
zusammenfasst, würde es Sinn machen, von einer Selbststeuerung des Individuums zu sprechen. Diese ist jedoch alles andere
als »bewusst« und lässt zudem die immensen Einflüsse des
Umfeldes auf Entscheidungsprozesse außer Acht.

SIND BEZIEHUNGEN STEUERBAR?

Erich H. Witte / Helga Wallschlag:
*Die Hauptthese des Buches ist die Aussage, dass nur die
Paare glücklich bleiben und ihre Liebe zueinander bewahren,
die ihre Beziehung bewusst gestalten.*[116]

Claudia und David Arp:
*Von Zeit-Management hat schon jeder gehört – uns geht es
hier um ›Beziehungs-Management‹. Überlassen Sie es
nicht dem Zufall und den Umständen, wie Ihre Beziehung
sich entwickelt. (...) Sie können die Beziehung haben,
die Sie wünschen.*[117]

Das Individuum kann sich nicht willentlich steuern, weil es
keine Macht über sein Unbewusstes und die übrige Welt des
Nichtwissens hat. Was schon dem Einzelnen nicht gelingt,
stellt sich für ein Paar ungleich komplexer dar. Eine Beziehung
bildet sich vorwiegend aus der Vermischung zweier Persön-
lichkeiten, genauer gesagt, sie bildet sich aus der gegenseitigen
Durchdringung der unbewussten Persönlichkeitsanteile zweier
Menschen.

Damit ist im Grunde alles gesagt. Wie sollten Partner solch
ein komplexes und im Nichtwissen verankertes Gebilde steuern
können? Die moderne Paarbeziehung stützt sich vorwiegend
auf Gefühle, und Gefühle stellen, wie beschrieben, verdichtete
Handlungsanweisungen des Unbewussten dar. Deshalb muss
man davon ausgehen, dass auch eine Beziehung vorwiegend
unbewusst gesteuert wird, und zwar vom Anfang bis zum
Ende.

SCHON DER ANFANG IST NICHT STEUERBAR

Niemand entscheidet sich heute bewusst für eine Liebesbeziehung. Die Menschen folgen vielmehr ihren Gefühlen. Sie verlieben sich. Da sich Verliebtheit zumeist positiv anfühlt, stimmen sie dieser machtvollen emotionalen Entscheidung zu, erstens, weil sie doch wenig daran ändern könnten, und zweitens, weil sie meist gar nichts daran ändern wollen.

Wenn zwei Menschen ihrer Anziehung folgen, sich näher kommen und sich verlieben, entstehen schlagartig oder auch allmählich starke Bindungen aneinander. Ob es sie wie ein Blitz trifft oder eine zarte zu einer kräftigen Pflanze heranwächst, den Partnern wird die Intensität ihrer Bindungen erst bewusst, wenn es schon passiert ist. Dann bleibt kaum mehr als die Feststellung: »Es hat uns erwischt.« Das Unbewusste hat die Partnerwahl getroffen. Niemand kann ernsthaft für sich in Anspruch nehmen, seinen Partner »bewusst« ausgesucht, sich »bewusst« verliebt und dabei seine Gefühle gesteuert zu haben.

Eine Beziehung hat ihren Anfang genommen. Gegen die starken Gefühle der Verliebtheit vermögen Verstand und Vernunft kaum etwas auszurichten. Sollte sich jemand trotz solcher intensiven Verliebtheit nicht auf eine Beziehung einlassen, dann geschieht das nicht deswegen, weil Vernunft oder Verstand »gesiegt« hätten, sondern allenfalls, weil der Verliebtheit widersprechende und noch stärkere Gefühle ihn daran hindern. Dabei könnte es sich beispielsweise um die Angst handeln, sich auf Liebe einzulassen, oder um die Angst vor der Reaktion des näheren sozialen Umfeldes oder weil die Verliebtheit eine bereits bestehende Beziehung bedroht.

Was fasziniert die Partner aneinander, dass sie derartig intensive Bindungen knüpfen? Auf welcher Grundlage bauen sie ihre Beziehung auf? Welche Hoffnungen, Ängste und Erwartungen sind damit verbunden? Wird sich eine feste Partnerschaft daraus entwickeln? Die Liebenden können es nicht sagen und wollen das auch gar nicht. Sie folgen dem Gefühl und handeln aus dem Bauch heraus. Irgendwann einmal werden sie über die eine oder andere dieser Informationen stolpern, aber jetzt haben sie Besseres zu tun, als über die Motive ihrer Liebe zu grübeln.

DER VERLAUF IST AUCH NICHT STEUERBAR

Der Beginn einer Liebesbeziehung ist nicht steuerbar. Wie sieht es mit ihrem Verlauf aus? Können Partner ihre Beziehung willentlich so beeinflussen, dass sie auf vorgesehenen und erwünschten Wegen verläuft?

Ein Mann, Ende 40, hat sich gerade aus einer langjährigen Ehe herausbewegt. Er verliebt sich in eine Frau, Anfang 30, die sich in eine feste Beziehung hineinbewegen möchte. Die beiden sind nun zusammen und durch starke Gefühle aneinander gebunden. Sie lieben sich zwar, aber ihre Lebensträume sind denkbar unterschiedlich. *Er* möchte durch eine Beziehung weder am Reisen noch an anderen Interessen gehindert werden, daher soll sie seine Lebensvorstellungen teilen. *Sie* träumt davon, eine Familie zu gründen, ein Haus zu bauen, ein festes Heim zu haben, und dabei soll er sie begleiten.

Was geschieht nun? Nach und nach werden beide unzufrieden, fangen zu streiten an und führen kleine und größere Machtkämpfe. Ihre Liebe wird von diesen Spannungen beeinträchtigt. Sie ziehen etliche Zusagen zurück, die sie am Anfang der Beziehung machten, Zukunftsphantasien lösen sich auf, Hoffnungen schwinden, Gefühle füreinander verändern sich. Die ursprünglichen Absichten des Paares, von denen die Wichtigste lautete »zusammenzubleiben«, lösen sich allmählich auf.

Ihre starke Liebe, so glaubten sie einst, würde alle Hindernisse überwinden. Jetzt werfen sie sich gegenseitig vor, Egoisten zu sein. Trotzdem wollen sie ihre unterschiedlichen Lebensträume nicht aufgeben. Das können sie auch gar nicht, denn dazu müsste jeder Partner sein eigenes Unbewusstes, das ihm diese Träume präsentiert, in den Griff bekommen. Die Beziehung steht nun kurz vor ihrem Ende. Das hat keiner von beiden gewollt und auch nicht kommen sehen. Sie trennen sich, kommen wieder zusammen, trennen sich erneut. Wer kann vorhersehen, wie ihre Geschichte weitergehen wird?

Stellen wir uns ein anderes Paar vor, das seit 20 Jahren zusammen ist und überraschend einen großen Lottogewinn macht. Kann jemand voraussagen, was nun geschehen wird? Plötzlich ist eine völlige materielle Unabhängigkeit voneinander realisiert. Diese vermag in der Beziehung vorhandene kleine Risse in große Klüfte zu verwandeln oder die Partner noch fester zusammenzukitten. Wird die Beziehung unter den veränderten Umständen halten oder zerbrechen? Werden bisher funktionierende, aber unter den neuen Umständen plötzlich faule Kompromisse aufgekündigt? Wird daraus ein neues Gleichgewicht entstehen? Wird das Geld Zwietracht sähen, weil *er* es in schnelle Autos und *sie* es in die Altersversorgung stecken will, oder weil *sie* die Verwandtschaft unterstützen und *er* plötzlich auswandern möchte? Das alles ist völlig unvorhersehbar, auch für die Partner selbst. Wenn das Geld verfügbar ist, wird sich eine spannende Entwicklung ergeben. Nur eines scheint sicher, vorhersagen und kontrollieren lassen sich die kommenden Ereignisse nicht.

Ein anderes Paar ist seit 28 Jahren eng miteinander verbunden. Sie haben sich in bester Absicht ewige Treue geschworen. Während einer Kur passiert der Frau ein Seitensprung. Ihr selbst ist der Vorfall unerklärlich, sie ist fassungslos, und zwar im Wortsinn, denn sie hat eine Fassung verloren, die ihr fast drei Jahrzehnte lang Halt gab. Nun spricht sie davon, noch nie eine solch intensive Sexualität erlebt zu haben wie in jener Nacht. Sie möchte bei ihrem Mann bleiben, kann den Vorfall aber

nicht vergessen. Der Ehemann spricht zwar von verzeihen, hält
aber seit Monaten emotional Distanz zu seiner Frau. Was wird
nun geschehen? Wird die Beziehung das Ende des gemeinsamen Traumes lebenslanger Treue verkraften? Oder ist mit dem
Traum ewiger Treue auch die Beziehung zerstört? Das kann
niemand voraussehen, das wird sich zeigen müssen.

Vielleicht könnte man Entwicklungen voraussehen und beeinflussen, wenn alle Informationen aus dem Unbewussten der
Partner verfügbar wären und darüber hinaus deren Zusammen-
wirken absehbar wäre. Aber so etwas ist Fiktion. Das Nichtwissen über die Beziehung und deren Motive ist unendlich viel
größer als das Wissen darüber. Daher stellt sich die bewusste
Steuerung eines Beziehungsverlaufes als ein unlösbares Informationsproblem dar.

Ist wenigstens das Ende steuerbar?

Wenn der Anfang und die Entwicklung einer Beziehung
nicht steuerbar sind, kann man wenigstens das Ende »bewusst«
herbeiführen? Können Partner beispielsweise sicherstellen, in
Freundschaft auseinander zu gehen? Wohl kaum, sonst würden
die meisten Partner auf Scheidungsschlachten und Rosenkriege
verzichten. Partner können weder über eine Trennung noch über
deren Zeitpunkt noch über deren Form bewusst entscheiden.

Vor kurzem rief mich eine Frau an, die sich aufgrund rationaler Gründe von ihrem Geliebten trennen wollte. Dieser Mann
hatte eine andere Frau geheiratet, und sie wollte dem Geliebten
nicht im Wege stehen. Seither ging es ihr schlecht, sie träumte
vom Geliebten und traf sich wieder mit ihm. Die beiden kamen
nicht voneinander los. Zwar will das Bewusstsein der Frau den
Geliebten loslassen, aber ihr Unbewusstes hält an der Beziehung fest, und es erweist sich als stärker. Diese Frau wird mit
der Trennung warten müssen, bis sie genügend »abstoßende«
oder »unabhängige« Gefühle zu ihrem Geliebten entwickelt hat.
Mit Hilfe dieser »inneren Ermächtigung« mag ihr eine Trennung dann gelingen.

Ein anderer Mann möchte mit seiner Frau zusammenbleiben, aber er empfindet nicht mehr in der gleichen Weise für sie, wie das einmal der Fall war. Sie befindet sich nach wie vor in seinem Herzen, aber als Freundin und nicht mehr als Frau. Nachdem selbst eine Therapie die verlorenen Gefühle nicht zurückbringen kann, bleibt ihm nur festzustellen, dass die Liebe vergangen ist. Dies ist sicher nicht plötzlich geschehen, sondern allmählich, aber das Ende dringt plötzlich in sein Bewusstsein ein und schockiert ihn. Dass so etwas möglich wäre, damit hatte er nicht gerechnet. Er glaubte lange Jahre, diese Frau sei die Frau seines Lebens.

Trennung kann passieren, wie vorher Beziehung passierte. Natürlich glaubt jeder, der sich aktiv vom Partner trennt, er hätte dies bewusst entschieden. Doch in Wahrheit vollzieht er lediglich innere Entscheidungen nach. Ohne die Unterstützung starker, die Beziehung ablehnender und die Individualität stützender Gefühle ist Trennung nicht möglich, auch wenn das großmäulige Ich die Trennung als seine eigene und bewusste Entscheidung verkauft.

Das bedeutet, Beziehungen enden auch unabhängig davon, ob die Partner das bewusst wollen oder nicht. Es reicht, dass sie es unbewusst wollen. Im Laufe der Zeit und aufgrund unkontrollierbarer Entwicklungen können sowohl partnerschaftliche als auch Liebesmotive ihre Grundlage verlieren, und es unterliegt nicht dem Willen, das zu verhindern.

BEWUSST LIEBEN?

Der Therapeut Michael Cöllen spricht (nicht als Einziger) von »bewusst Liebenden«[118]. Andere, wie Erich H. Witte, sprechen davon, Beziehungen »bewusst zu gestalten«. Diese Experten glauben anscheinend tatsächlich, bewusste Liebe sei möglich. Das ist so, als ob man bewusst träumen oder sich seine Gefühle bewusst aussuchen wollte. So etwas ist unmöglich, weshalb

man die Absicht, bewusst zu lieben, getrost als eine Art Wahn-
vorstellung betrachten kann, als Teil des heute um sich greifen-
den Machbarkeitswahns.

Solchen Wahnvorstellungen erlag auch Ellen Fein, Mit-
autorin des Weltbestsellers »The Rules« (dt.: Die Kunst, den Mann
fürs Leben zu finden). Die Frau war sechzehn Jahre lang verheiratet. Am Abend, bevor ihr Buch »The Rules for Marriage«
erschien, teilte sie ihrem perplexen Verleger mit, gerade die
Scheidung von ihrem Mann eingereicht zu haben. Daraufhin
musste das Cover des Buches mit dem viel versprechenden
Untertitel »Time-tested secrets for making your marriage work«
neu gedruckt werden. Auf dem Cover stand zu lesen: (Die Au-
torinnen) sind selbst seit langem verheiratet und wissen, dass
die Tatsache, den Mann seiner Träume geheiratet zu haben, keineswegs das Ende der Arbeit bedeutet: Gute Ehen passieren
nicht zufällig.[119]

Der Autorin ist es nicht gelungen, die von ihr angeblich
entdeckten »von der Zeit getesteten Geheimnisse einer funk-
tionierenden Ehe« bei sich selbst anzuwenden. Damit steht sie
übrigens nicht allein. Paartherapeuten führen keinesfalls halt-
barere Ehen als ihre Klienten, obwohl sie diesen die vorgebli-
chen Tricks und angebliche Geheimnisse dauernder Liebe ver-
mitteln wollen.

Das Versprechen, man könne bewusst lieben, führt Menschen
in die Irre, weil in Wahrheit niemand voraussehen kann, was
mit seinen Gefühlen passieren wird. Bewusste Liebe würde voraussetzen, alle Entwicklungen im Auge zu behalten, um korri-
gierend eingreifen zu können, bevor sich unerwünschte Auswirkungen ergeben. Das ist aus einem einfachen Grunde nicht
möglich: In dem Augenblick, in dem das Bewusstsein eine Information wahrnimmt, ist sie bereits geschehen. Bewusstsein
steht nämlich nicht am Anfang einer Entwicklung, sondern
erfolgt erst in deren Verlauf.

Ein Streit lässt einen tiefen Graben entstehen. Warum scheint der Graben diesmal so tief, schließlich haben die Partner sich schon oft folgenlos gestritten. Nach einigen Wochen wird ihnen klar, dass *dieser* Graben schon länger ausgehoben und lediglich gut abgedeckt war. Das Thema war ob seiner Brisanz bisher vermieden worden, nun erreicht es die Partner mit Wucht. Als ihnen diese Entwicklung klar wird, ist sie bereits geschehen.

Die Sexualität eines Paares mag leidenschaftslos geworden sein, aber die Partner realisieren das erst nach Monaten oder Jahren. Zuerst haben sie die Entwicklung auf die viele Arbeit geschoben, dann auf Stress mit den Kindern, dann auf die Hektik des Hausbaus. Jetzt realisieren sie erschrocken, dass ihr Begehren erloschen ist. In ihren sexuellen Phantasien kommt der andere nicht mehr vor. Die Entwicklung hat lange gebraucht, ihre Realisation auch, und als sie erkannt wird ist sie bereits geschehen.

Wenn in Beziehungen etwas klar wird, ist es – teilweise oder zu großen Teilen oder sogar vollständig – bereits geschehen.

Auch dann, wenn Partner eine Entwicklung zeitnah wahrnehmen, haben sie nicht alle Informationen darüber zur Verfügung. Sie wissen dann beispielsweise, was geschehen ist, aber sie erkennen die wahre Bedeutung der Geschehnisse nicht sofort. In solchen Fällen hört man die Partner irgendwann erstaunt bemerken: »Ich habe zwar die zunehmende Distanz gespürt, aber mir war gar nicht klar, *wie weit* wir uns in den letzten Jahren voneinander entfernt haben.« Oder sie sagen: »Erst seit du fremdgegangen bist, wird mir deutlich, *wie sehr* ich dich liebe.«

Bewusst zu lieben ist eine Wunschvorstellung. Das meiste entwickelt sich in einer Beziehung lange bevor es bewusst wahrnehmbar, deutlich sichtbar, intensiv spürbar, unmittelbar fühlbar und klar realisierbar ist. Rückt es dann ins Bewusstsein, kann die Entwicklung weder ungeschehen gemacht noch umgekehrt werden. Mit ihren Folgen müssen die Partner umgehen.

FAZIT

Der Systemtheorie nach lassen sich komplexe Systeme nicht zielgerichtet verändern. Das gilt für Systeme wie beispielsweise das Wetter, Ozeane, die Gesellschaft, die Wirtschaft usw. Es gilt ebenso für Individuen und Systeme wie beispielsweise Denksysteme und Gefühle. Da Paarbeziehungen ohne Zweifel komplexe Systeme darstellen, gilt es auch für sie. So komme ich ob der geschilderten Zusammenhänge zu dem Schluss, dass Liebesbeziehungen nicht willentlich steuerbar sind.

Statt sie steuern zu wollen, sollte man ihnen daher eine gewisse Eigenständigkeit zugestehen. Das ist Thema des dritten Teils dieses Buches.

TEIL 3
BEZIEHUNGEN ALS EIGENSTÄNDIGE WESEN

DIE BEZIEHUNG ALS WESEN

Arnold Mindell:
*Beziehungen werden normalerweise als etwas erlebt, das uns
geschieht, und nicht als etwas, das wir bewusst tun.*[120]

Im ersten Teil des Buches habe ich die Schwierigkeiten der
zielgerichteten Arbeit an Beziehungen beschrieben. Im zweiten
Teil legte ich dar, dass sowohl Individuen als auch Beziehungen
unbewusst gesteuert sind. Damit sind die Voraussetzungen geschaffen, um in diesem dritten Teil eine andere Sicht auf Beziehungen vorzuschlagen. Ich schlage in den folgenden Abschnitten vor, Beziehungen wie eigenständige Wesen zu betrachten.

Die Vorstellung, Beziehungen wären eigenständige Wesen,
dient der Veranschaulichung. Selbstredend sind Beziehungen
keineswegs unabhängig von den Partnern und ihrem Verhalten.
Doch sie erscheinen dem Bewusstsein der Partner als eigenständig. Anders sind Phänomene wie die Freude der Partner
über ihre Verliebtheit, das Staunen über den Verlauf der Beziehung, das Erschrecken über unerwartete Entwicklungen oder
die Trauer über ein Ende nicht zu erklären. All dies wird nicht
geplant, sondern es geschieht. Es geschieht trotz anders lauten-
der Absichten und Pläne auch gegen den Willen der betroffenen Partner.

DIE ENTSTEHUNG DES BEZIEHUNGSWESENS

Der Gedanke, Beziehungen Eigenständigkeit zuzusprechen rückt
näher, wenn man ihre Entstehung verbildlicht. Die eigenständige Beziehung, man könnte ihr auch den Namen »das Bezie-

hungswesen« geben, entsteht durch die Verbindungen, die zwei Personen eingehen. Genauer gesagt verbinden sich in einer Beziehung vorwiegend die unbewussten Persönlichkeitsbereiche zweier Menschen.

Lassen Sie mich diese Entstehung des Beziehungswesens anhand einiger Zeichnungen verdeutlichen.

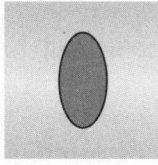

Ein Individuum lässt sich als personale Einheit

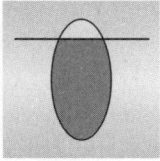

mit bewussten und unbewussten Persönlichkeitsbereichen darstellen. (Die Linie markiert die Bewusstseinsschwelle.)

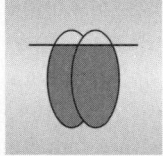

Wenn sich zwei Individuen aufeinander beziehen,

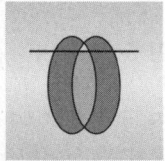

entsteht in ihrer Verbindung etwas Drittes, die Beziehung.

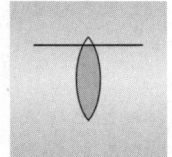

Diese Beziehung weist, ebenso wie die Individuen, einen großen unbewussten und einen kleinen bewussten Bereich auf.

Die letzte Zeichnung zeigt, dass eine Beziehung aus der Perspektive des Bewusstseins nur teilweise einsehbar ist. Das meiste an ihr liegt im Unbewussten und gehört zum Bereich des Nichtwissens. Der Psychoanalytiker Michael L. Moeller beschreibt das entsprechend:

Eine Beziehung besteht aus einem Neuntel bewusster Beziehung und acht Neuntel unbewusster Beziehung. Die unbewusste Beziehung macht Stimmung, Fühlen und Intuition aus. Sie wird von uns erlebt, wenn auch nicht bewusst. Sie steuert so gut wie alles.[121]

DIE UNABHÄNGIGKEIT
DES BEZIEHUNGSWESENS

Eine Beziehung exsistiert in weiten Teilen unabhängig vom Bewussten der Partner. Sie ist weder »Ich« noch »Du«, noch ist sie »Wir«, weil sie weder meine noch deine noch unsere gemeinsamen Absichten repräsentiert. Die Beziehung stellt auch keine Summe von Eigenschaften, sondern ein dynamisches Feld dar.

Man kann eine Beziehung als Ergebnis der chemischen Reaktion zweier unterschiedlicher Stoffe begreifen. Das Resultat dieser Reaktion ist unvorhersehbar, solange die Beschaffenheit der reagierenden Stoffe nicht oder nur teilweise bekannt ist; und das ist bei Beziehungen stets der Fall. In der Beziehung trifft ein Partner, dessen eigene Motive, Hoffnungen, Erwartungen und Ängste ihm nur teilweise bekannt sind, auf einen Partner, auf den das Gleiche zutrifft. Somit reagieren zwei unterschiedliche »psychische Stoffe« unvorhersehbar miteinander. Aus diesen Gründen entstehen von demselben Menschen zu anderen Menschen stets unterschiedliche Beziehungen. Kein Mensch kann zu zwei anderen die gleiche Beziehung haben. Eine Frau beschreibt das sehr anschaulich:

Was zwischen Thilo und mir oft so selbstverständlich und deshalb auch so unheimlich schön war, musste ich mit Boris und Rudolph erst über lange und vielfach mühsame Gespräche herstellen. Und das Resultat davon war dann auch nie diese wohltuende Selbstverständlichkeit, sondern manchmal eher Frustration oder auslaugende Diskussionen und Streitereien.[122]

Wie eine Beziehung beschaffen ist und was sie den Partnern ermöglicht, hängt deshalb weniger von den Absichten der Partner als vielmehr vom Zusammenspiel ihrer unbewussten Persönlichkeitsbereiche ab.

Eine Beziehung einzugehen kann man in etwa mit der Zeugung eines Kindes vergleichen. Zwei können ein Kind in die Welt setzen, aber ob es ein Junge oder ein Mädchen wird, ob es groß oder klein, gesund oder krank sein wird, sein Charakter, seine Entwicklung, ebenso seine Lebensdauer, das und vieles mehr ist weder vorhersehbar noch bestimmbar. Den Eltern bleibt lediglich, sich vom Ergebnis ihrer Zeugung überraschen zu lassen, ihr Kind im Laufe der Zeit kennen zu lernen und mit ihm umzugehen.

Ähnlich verhält es sich mit einer Beziehung. Wenn zwei Menschen in eine Liebesbeziehung geraten, entdecken sie erst nach und nach, wie ihre Beziehung ist, was sie ihnen ermöglicht oder verweigert und welche Entwicklung sie nimmt. Dieser Beziehung gegenüber werden sie sich auf eine bestimmte Weise verhalten, mit ihr werden sie leben.

Beziehungen als eigenständige Wesen zu betrachten hat Konsequenzen. Die wichtigste Konsequenz dieser Sichtweise lautet: Statt seine Beziehung steuern zu wollen, entdeckt man sie und setzt sich mit ihr auseinander. Wie man sie entdeckt und mit ihr umgehen kann, das wird Thema der folgenden Abschnitte sein.

Sich mit einer Beziehung auseinander zu setzen ist etwas völlig anderes, als an der Beziehung zu »arbeiten«. Schließlich arbeitet man auch nicht am Partner, sondern setzt sich mit ihm auseinander. Gesteht man einer Beziehung ähnliche Eigenständigkeit zu wie dem Partner, macht die Arbeit an ihr ebenfalls wenig Sinn. Dagegen erweist sich ihre Entdeckung und der Umgang mit ihr als spannend und lohnend.

EINE BEZIEHUNG REALISIEREN

Was bedeutet es, seine Beziehung zu entdecken? Kennt nicht jeder seine Beziehung? Das ist keinesfalls so. Jeder glaubt ja auch, seinen Partner zu kennen, erlebt aber oft genug Überraschungen diesbezüglich. Wenn Partner beispielsweise auseinander gehen, lernen sie Seiten am andern kennen, die ihnen völlig unbekannt waren. Ähnliches geschieht, wenn Partner in extreme Stresssituationen geraten, dann lernen sie einander anders kennen. Bei einer Beziehung stellt sich das ähnlich dar. Die Partner haben den kleinen Teil der Beziehung im Blick, der oberhalb der Bewusstseinsschwelle wahrnehmbar ist. Dessen gegenwärtigen Inhalt können sie erkennen. Von dem, was sich unterhalb dieser Schwelle abspielt, erfahren sie nichts.

Deshalb leben Partner meist mit der Illusion, ihre Beziehung befinde sich in Übereinstimmung mit ihren Erwartungen und sei dazu da, diese zu erfüllen. Vor allem im Hoch der Verliebtheit setzen Partner die Beziehung mit ihren Wünschen gleich. Das zu tun fällt Verliebten leicht, weil ihre Erwartungen in dieser Phase zu großen Teilen erfüllt werden und weil zu diesem Zeitpunkt selten in die Zukunft weisende und damit unerfüllte Wünsche bewusst werden. Haben sich Partner erst einmal ein bestimmtes Bild ihrer Beziehung gemacht, fällt es ihnen in der Folgezeit schwer, deren Veränderungen und Entwicklungen zu realisieren.

Doch die Realität der Beziehung steht den Erwartungen und dem von ihnen entwickelten Bild der Beziehung gegenüber. Ihr tatsächlicher Zustand beinhaltet auch und vor allem die unter-

halb der Bewusstseinsschwelle ablaufenden, bisher nicht wahrgenommenen Prozesse und Informationen. Mit einer Beziehung zu leben bedeutet demnach, sich permanent in einer
Spannung zwischen Erwartung und Realität aufzuhalten.

Natürlicherweise verändern sich Beziehungen im Laufe der
Zeit. Die Vorstellung, die Partner von ihrer Beziehung mit sich
tragen, hält mit diesen Veränderungen meist nicht Schritt. Das
ist auch nicht möglich, weil sich, wie beschrieben, die meisten
Veränderungen unterhalb der Bewusstseinsschwelle vollziehen
und sie, wenn sie bemerkt werden, zu großen Teilen bereits
geschehen sind.

Eine erste große Anpassung der Beziehungsvorstellung an
die Beziehungsrealität wird generell nötig, sobald einem Paar
bewusst wird, dass es die anfängliche Verliebtheitsphase hinter
sich gelassen hat. Diese Entwicklung wurde nicht erwartet, ihre
Realisation wird als Krise erlebt und beschert den Partnern
Unsicherheit und Zweifel. Wird die Realisation dieser Veränderung erfolgreich bewältigt und bleiben die Partner zusammen,
dann meist deshalb, weil sich bereits etwas anderes Wertvolles
eingestellt hat, beispielsweise Vertrautheit und partnerschaftliche Liebe.

Die Kluft zwischen Wunsch und Wirklichkeit kann einerseits
durch unerwartete Entwicklungen hervorgerufen werden. Oft
tragen die Partner aber auch wesentlich mehr Erwartungen
mit sich, als ihnen zu Beginn der Beziehung bewusst ist. Diese
werden im Laufe der Zeit erkennbar, beispielsweise ein Kinder-
wunsch, eigene Bedürfnisse oder individuelle Interessen. Beides,
Erwartungen und Beziehung, kann sich demnach verändern und
die Kluft zwischen Erwartung und Beziehungsrealität bilden.

Die Spannung zwischen Anspruch und Wirklichkeit wird
umso unerträglicher, je größer die Kluft ist, die sich auftut. Die
Partner wollen etwas, aber es geschieht nicht. Sie sehnen sich,
aber ihr Sehnen bleibt unerhört. Sie beginnen zu leiden. Dann
wird es irgendwann nötig, Vorstellungen, Hoffnungen, Sehn-

süchte und Erwartungen einerseits und die Realität der Beziehung andererseits voneinander zu unterscheiden.

Das Ziel dieser Beziehungsrealisation besteht letztlich darin, Leid und Spannung aufzulösen. Aus einer Realisation ergeben sich grundsätzlich drei Möglichkeiten. Entweder schrauben Partner ihre Erwartungen herunter, dann kann die Beziehung bleiben, wie sie ist. Oder sie versuchen, die Beziehung zu verändern und sie an ihre Erwartungen anzupassen. Die dritte Möglichkeit bestünde darin, die Beziehung zu beenden, indem sich die Partner voneinander abwenden.

Eine Beziehung zu realisieren ist Teil einer aktiven Auseinandersetzung mit dem eigenständigen Beziehungswesen. Die grundlegenden Fragen der Realisation lauten dabei: »Was erwarte ich von meiner Beziehung?« und »Wie ist meine Beziehung tatsächlich?« Diese Fragen sind gar nicht so leicht zu beantworten.

Fordert man Partner dazu auf, Erwartung und Wirklichkeit zu beschreiben, können sie ihre Wünsche zumindest teilweise äußern. Den Zustand ihrer Beziehung zu beschreiben fällt ihnen ungleich schwerer. Die Realität einer Beziehung ist nämlich aufgrund rein rationaler Betrachtung kaum erfassbar. Eine Beziehungsrealisation spielt sich auf unterschiedlichen Wahrnehmungsebenen ab. Sie betrifft sowohl den Verstand, das Gefühl, den Körper als auch die Zukunftsvorstellungen der Partner. Realisation meint, je nach ihrer Tiefe, etwas zu erkennen, zu begreifen, zu spüren, zu fühlen oder sich vorstellen zu können.

Beziehungsrealisation ist keine Denkaufgabe, sondern ein Erkenntnisprozess. Dieser Erkenntnisprozess läuft zu großen Teilen über das Mittel der Kommunikation. Das erfordert Aufmerksamkeit und Zeit.

KOMMUNIKATION ÜBER DIE BEZIEHUNG

In den folgenden Abschnitten geht es darum, wie Partner eine Beziehungsrealisation praktisch anstellen können. Dazu schlage ich vor, die Beziehung als eigenständiges Wesen zu betrachten. Damit sind drei Akteure in der Betrachtungssituation anwesend, die beiden Partner und die Beziehung.

Normalerweise richtet sich die Aufmerksamkeit der Partner nur auf »einen« oder »zwei«, auf den Partner und bestenfalls noch auf sich selbst, nicht aber auf die Beziehung. Haben die Partner lediglich zwei Akteure im Blick, ist eine Beziehungsrealisation nur sehr begrenzt möglich. Diese Sichtweise weist den Partner als Verursacher einer bestimmten Entwicklung aus, im besten Fall sind beide »schuld« daran.

Aus der Perspektive der Beziehung als eigenständigem Wesen gesehen leben Partner nicht in einer Dyade, sondern in einer Triade, in einem Beziehungsdreieck. Zur Beziehungserforschung ist es deshalb angebracht, sich weniger über sich selbst und den Partner und mehr über die Beziehung auszutauschen.

Es geht beispielsweise darum, herauszufinden, »mit wem wir da zusammenleben«, »wie sich die Beziehung verändert hat« oder »wie die Beziehung auf uns reagiert«. Es geht schlicht um Neugier und Erforschung mit den Mitteln der Kommunikation.

Die Kommunikation über die Beziehung hält also das dritte Wesen, die rätselhafte Beziehung, in ihrem Focus. Hierin sind Partner zwar nicht geübt, doch kennen sie einen derartigen Austausch von anderen Zusammenhängen her. Wenn Partner beispielsweise über ihr Kind sprechen, sprechen sie über ein drittes, von ihnen relativ unabhängiges Wesen. In gleicher Weise können sie über die Beziehung sprechen. Das geschieht grammatikalisch in der dritten Person.

Der sprachliche Unterschied ist bedeutsam. Er setzt die Beziehung und nicht die Partner in den Mittelpunkt der Betrachtung. Wenn ein Paar beispielsweise wenig Sex hat, suchen die

Partner normalerweise beim jeweils anderen nach Gründen für die erotische Flaute. Dann wirft *sie* ihm vor, sexsüchtig zu sein, und *er* antwortet mit dem Vorwurf, sie sei frigide. Streit und Kampf sind vorprogrammiert. Sprechen die beiden jedoch über die Beziehung statt über sich, hört sich das gleich anders an. Dann reden sie darüber, »dass in unserer Beziehung kaum noch Sex vorkommt«.

Aus einer solchen Perspektive erweitern sich ihre Kommunikationsmöglichkeiten beträchtlich. Statt dem anderen vorzuhalten, er habe einen enttäuscht, kann man darüber sprechen, welche Erwartungen diese Beziehung unerfüllt lässt. Statt zu behaupten, »du hinderst mich daran, meine Karriere fortzusetzen«, kann man darüber sprechen, was jeder für die Beziehung zu opfern bereit ist und was nicht. Verzichtet ein Partner auf einen geplanten Urlaub allein, dann tut er es in diesem Sprachgebrauch weniger »dem Partner zuliebe« als vielmehr »der Beziehung zuliebe«. Er verspricht sich nämlich auch etwas davon. Zieht einer in die Stadt, in der der andere wohnt, dann weniger »wegen dir« als vielmehr »wegen der Beziehung«, die so in seinem eigenen Interesse vertieft werden soll. Eine derartige Kommunikation *über die Beziehung* schafft mehr Offenheit, weil sie Schuldzuweisungen vermeidet und Staunen erlaubt.

Seltsam, dass in unserer Beziehung in letzter Zeit so wenig Freude aufkommt ... erstaunlich, wie viel Vertrautheit in unserer Beziehung vorkommt ... verrückt, wie viel Lebendigkeit unser monatelanger Streit in die Beziehung brachte ... eigenartig, wie wenige Interessen in unserer Beziehung zusammenkommen ... unbegreiflich, wie viel Abhängigkeit in unserer Beziehung vorkommt ... bemerkenswert, wie viel Nähe trotz des räumlichen Abstandes entstanden ist ... beängstigend, in welchem Zustand sich unsere Beziehung momentan befindet ...

Eine Kommunikation über die Beziehung ist schon deshalb ergiebig, weil sie stillschweigend unterstellt, dass beide Partner gleichen Anteil an deren Entwicklung haben. Daran, »dass in unserer Beziehung so viel Streit ist«, trägt offensichtlich nicht einer Schuld. Einer allein kann nicht streiten, und das gilt auch für andere Entwicklungen. An einer Beziehung sind immer beide beteiligt. Die Beziehung in den Mittelpunkt zu stellen macht die Partner zu Beobachtern eines Wesens, an dessen Verhalten beide beteiligt sind.

Gleichzeitig gesteht diese Sichtweise dem Beziehungswesen eigene Macht und eigenes Handeln zu. Denn auch wenn der Beziehungsverlauf vom Verhalten beider Partner abhängt, haben diese ihr eigenes Verhalten ja keineswegs in der Hand. Sie selbst verhalten sich aufgrund unbewusster Steuerung, und es ist kaum festzustellen, ob der Verhaltensimpuls eines Partners vom eigenen oder dem gemeinsamen Unbewussten gesteuert wird, ob er seinen Ursprung beim Partner oder bei der Beziehung hat.

Die Sichtweise der Beziehung als eigenständigem Wesen erlaubt den Partnern, Anfang, Verlauf und Ende einer Beziehung nicht in erster Linie von ihrem Willen abhängig zu machen, sondern vom unbewussten Zusammenspiel zweier Personen her zu begreifen. Aus dieser Perspektive kommt es deshalb nicht darauf an, die Beziehung zu lenken, zu gestalten, zu formen, sondern sie zu entdecken, zu erforschen und gegebenenfalls damit zu experimentieren.

Über die Beziehung zu kommunizieren, sie zu entdecken, zu erforschen und mit ihr zu experimentieren öffnet ein weites Feld von Themen, zu dem der Austausch von Gedanken, Erinnerungen, Gefühlen, Phantasien und Hoffnungen gehört. Im Rahmen dieses Buches bedeutet das konkret, sich über die *Grundlagen*, die entstandenen *Verbindungen*, die eingenommenen *Rollen*, den gegenwärtigen *Zustand* der Beziehung sowie über *den Willen der Beziehung,* ihre *Reaktion auf die*

Partner und über *voneinander unabhängige Bedürfnisse der Partner* auszutauschen. Die aus diesem Austausch gewonnenen Erkenntnisse münden schließlich darin, den *Wert der Beziehung* klarer einschätzen zu können, und sie erleichtern es, Beziehungen fortzuführen oder gegebenenfalls *Trennungen* einzuleiten.

Die kursiv gesetzten Themen bezeichnen die Inhalte der nächsten Abschnitte.

DIE GRUNDLAGEN EINER BEZIEHUNG

Beginnen wir die Realisation von Beziehungen mit einer Reflexion ihrer Grundlagen. Vor kurzem sah ich im Fernsehen eine Diskussion darüber, was eine gute Beziehung am nötigsten braucht. Die Ansichten reichten unter anderem von »gutem Sex« über »psychische Kompatibilität« bis zu »geistiger Intimität«. Jeder Teilnehmer argumentierte gegen die anderen und übersah anscheinend, dass es vielfältige und unterschiedliche Gründe gibt, Beziehungen einzugehen.

Aus meiner Sicht und Erfahrung unterscheide ich vier wesentliche Motive, die Beziehungen zugrunde liegen. Diese Unterscheidung lässt unbeachtet, ob die Motive mehr zu den Liebesmotiven oder den partnerschaftlichen Motiven einer Beziehung gehören.

1. Partner gehen Beziehungen ein, um einander wichtige *Bedürfnisse* zu erfüllen. Dabei mag es sich um emotionale Bedürfnisse wie Zärtlichkeit, Geborgenheit, sexuelle Bedürfnisse wie Leidenschaft und Lust, materielle Bedürfnisse wie finanzielle Absicherung oder soziale Bedürfnisse wie das Erlangen eines bestimmten gesellschaftlichen Status handeln. Worin die Bedürfnisse, zu deren Erfüllung sich zwei Partner zusammentun, konkret bestehen, ist gleichgültig. Wichtig ist nur, dass sie für die Partner bedeutsam genug sind, sich deshalb aufeinander einzulassen.

2. Ein weiteres Beziehungsmotiv ergibt sich aus der *Wesens-ergänzung*. Damit ist die personale Liebe zweier Menschen gemeint, die ich schon beschrieben habe. In dieser Liebe sind die Partner vom Wesen des anderen fasziniert, weil es sich komplementär zum eigenen Wesen darstellt. Der eine hat etwas, das man selbst nicht zur Verfügung hat, deshalb tut man sich mit ihm zusammen. In ihrer gegenseitigen psychischen Ergänzung fühlen sich die Partner eins miteinander und empfinden sich vollständiger und stärker dem Leben gegenüber.

3. Beziehungen können ebenso darauf basieren, wichtige Projekte und *Lebensträume* zu verwirklichen, zu deren Umsetzung man auf einen seelisch nahestehenden und verlässlichen Partner angewiesen ist. Eine Familie stellt ein solches Projekt dar. Es kann sich aber ebenso um wirtschaftliche, soziale oder künstlerische Vorhaben handeln. Findet man einen Partner, der gleiche Lebensziele verfolgt, bindet man sich an ihn und strebt gemeinsam die Verwirklichung dieser Lebensträume an.

4. Beziehungen können zudem auf einem *Beziehungsmy-thos* beruhen. Dabei handelt es sich um unbewusste Erwartungen an die Beziehung. Man verspricht sich von einer Beziehung beispielsweise Glück und Erfüllung allein dadurch, dass man sie hat. Das unbewusste Versprechen des Beziehungsmythos lässt sich in Bildern oder in Wenn/dann-Formulierungen erfassen: »Wenn ich einen Partner habe, werden sich alle meine Bedürfnisse erfüllen.« »Wenn wir gemeinsam alt werden, dann werden wir das Glück gefunden haben.« Oder: »Wenn jeder seine Bedürfnisse zurückstellt, dann werden wir für immer zusammenbleiben.« Ein typischer Beziehungsmythos ist auch die Vorstellung, eine christliche Ehe zu führen: »Wenn wir unsere Ehe Gott widmen, dann wird er uns glücklich machen.«

Diese vier verschiedenen Motive der Paarbindung kommen in der Praxis natürlich selten völlig getrennt voneinander vor. Meist ergeben sich Mischformen mit dem Schwerpunkt in einem der Bereiche, und dieser Schwerpunkt mag sich im Laufe der Zeit verlagern.

WOZU DIE BEZIEHUNG DA IST

Die Grundlage einer Beziehung zu beschreiben kann sich lohnen. Sie gibt nämlich Hinweise darauf, wozu eine Beziehung dient. Jede Beziehung verfolgt einen Zweck, in dem ihre eigentliche Stärke liegt. Ist dieser Zweck zumindest in Umrissen erkannt, fällt es den Partnern womöglich leichter, ihre Beziehung von zusätzlichen Ansprüchen freizuhalten und sich mit den »Schwächen« ihrer Beziehung auszusöhnen.

Beispielsweise könnte ein Paar mit Kindern darüber erschrecken, dass die berauschenden Gefühle erotischer Verbundenheit schwinden. Wenn die Partner nun erkennen, dass ihre Beziehung womöglich wesentlich auf einem Familienprojekt beruht, können sie die scheinbare Unvollkommenheit der Beziehung entspannter sehen. Die verlorene Verliebtheit, auch wenn sie bei anderen Paaren zu beobachten sein mag, entwertet diese Beziehung nicht, denn diese Partner sind primär nicht zusammen, um einander zärtliche Bedürfnisse zu erfüllen, sondern um eine Familie zu bilden.

Erkennen zwei Partner hingegen, dass sie hauptsächlich zusammen sind, weil sie einander in einzigartiger Weise sexuelle und erotische Bedürfnisse erfüllen, gehören Wesensergänzung und geteiltes Alltagsleben nicht zu den vorrangigen Aufgaben ihrer Beziehung. Gemeinsame Altersvorsorge und stetige Alltagsbegleitung brauchen in ihren Erwartungen aneinander daher keinen vorrangigen Platz einzunehmen.

Stellt ein Paar dagegen fest, durch eine starke Wesensergänzung zueinander gefunden zu haben und aneinander gebunden zu sein, spielen beispielsweise Familienprojekte keine entscheidende Rolle. Es könnte sein, dass die Partner ihre wesensmäßige Symbiose einer Erweiterung des Systems vorziehen und sich vom Gedanken an Kinder wenig erbaut zeigen.

Lebt ein Paar hingegen auf der Grundlage eines gemeinsamen Beziehungsmythos zusammen, wird es mehr durch die Hoffnung auf dessen endgültige Erfüllung und weniger durch die Harmonie des Alltags aneinander gebunden sein. Solch ein Beziehungsmythos könnte beispielsweise lauten: »Ganz gleich was geschieht, wir halten zusammen!« Dann kann tatsächlich geschehen, was will, die beiden werden zusammenbleiben, zumindest solange ihr Mythos und die Hoffnung auf seine Erfüllung bestehen bleiben.

Es mag ungewöhnlich erscheinen, vom »Zweck« einer Beziehung zu sprechen. Stets wird nur von der Liebe geschwärmt. Solche Verklärung lässt aber offen, durch was die Liebe hervorgebracht wurde und um welche Form von Liebe es sich handelt. Der Autor Peter Süß weist in einem Artikel deshalb zu Recht darauf hin:

Ist der soziale und, ja, auch der finanzielle intellektuelle Status eines Menschen nicht auch ein Aspekt, den man lieben könnte? Oder die Möglichkeit, einem vorgegebenen Weg zu entfliehen, einem beherrschenden Vater vielleicht, und so emotionale Geborgenheit zu erlangen? Gehört zur Anziehungskraft eines Menschen nicht vielleicht auch seine Rolle als, sagen wir: Erbin. Und ist nicht auch das Bedürfnis nach Sicherheit ein Grund, jemanden zu lieben, die Sehnsucht, einen schützenden Hafen anzulaufen?[123]

Man kann wohl davon ausgehen, dass Partner ein tiefes Gefühl von Verbundenheit entwickeln, wenn ihre Beziehung für sie einen wichtigen Zweck erfüllt, und dass sie diese Verbundenheit als Liebe erleben und als solche beschreiben. Eine Beziehung hat einen Zweck, sie ist zu etwas mehr oder weniger Bestimmtem da. So kann man es auch sprachlich ausdrücken: »Unsere Beziehung eint dazu ...« – »Die Aufgabe unserer Beziehung sehen wir darin ...«.

Wer den Zweck seiner Beziehung reflektiert und diesem Zweck einen hohen Stellenwert in seinem Leben zuordnen kann, dem fällt es in den meisten Fällen leichter, zu seiner Beziehung zu stehen, so wie sie ist. Wem diese Anerkennung nicht gelingt, weil seine Erwartungen höher sind und er diese nicht zurückschrauben möchte, der ist versucht, die Beziehung verändern zu wollen, ihr einen anderen Zweck zu verordnen oder sie auf eine andere Grundlage zu stellen.

Ein solcher Manipulationsversuch bestünde beispielsweise darin, aus einer vorwiegend leidenschaftlichen Beziehung, die der Bedürfniserfüllung dient, eine verlässliche Lebenspartnerschaft formen zu wollen. Als Beispiel hierfür mag die Geschichte eines Benediktinermönches und seiner Geliebten dienen. Sie beendeten ihre heimliche Liebe, die bereits Kinder hervorgebracht hatte, indem sie 1989 heirateten. Daraufhin verloren er und seine Frau die Anstellung beim kirchlichen Arbeitgeber und zogen in eine gemeinsame Wohnung. »Doch die Beziehung, die heimlich mehr als ein Jahrzehnt gehalten hatte, scheiterte in ihrer neuen, öffentlichen Form schon nach einem Jahr«, schreibt der Spiegel und zitiert die Tochter:

Es war furchtbar, die beiden saßen auf dem Sofa und schwiegen sich an. Meine Mutter versuchte sich als Haus- und Ehefrau, die sie nie gewesen war, und er streifte durch die Räume wie ein gefangenes Tier.[124]

Worin bestand der Unterschied zwischen der Geliebtenbeziehung und der Ehebeziehung? Die Frau lieferte in einer Talkshow die einfache Erklärung: »Er war halt jeden Tag da.« Offensichtlich hat sich die Beziehung, die distanziert und leidenschaftlich war und unter diesen Bedingungen zustande kam, der geplanten Umformung in eine Alltagsbeziehung, in eine Ehe, wiedersetzt. Die bewusst angestrebte Beziehungsform konnte sich auf keine ausreichende gemeinsame Grundlage berufen, sie wurde von unbewussten Persönlichkeitsanteilen nicht gestützt. Das Familienprojekt scheiterte, weil die Beziehung in dieser Form ihren ursprünglichen Zweck nicht erfüllen konnte.

Das Beispiel zeigt, dass Partner ihre Beziehung nicht unabhängig von deren Grundlage leben und sie nicht einfach umgestalten können. Die Beziehungsgrundlage zu entdecken kann daher vergebliche Manipulationsversuche überflüssig machen beziehungsweise deren Misserfolg erklären.

Dem Grundmotiv der Beziehung lässt sich durch bestimmte Fragen auf die Spur kommen. Solche Fragen lauten beispielsweise: »In welchem der vier grundlegenden Bereiche kommen wir zusammen?« Oder aus einer anderen Perspektive: »Was würden wir am meisten vermissen, wenn wir auseinander wären?«

Ein Paar würde vor allem die »Freude an der Gegenwart« des anderen vermissen? Das weist auf eine Wesensergänzung hin. Zwei andere würden sich »einsam und allein« fühlen? Da scheint eine Bedürfnisgrundlage gegeben zu sein. Anderen erschiene das Leben sinnlos? Da könnte ein Lebensprojekt mitspielen. Bei zwei anderen wäre eine große Hoffnung oder ein gemeinsamer Traum geplatzt? Das weist eventuell auf einen Beziehungsmythos hin. Und natürlich sind Mischungen in jedem Verhältnis möglich.

WO WIR ZUSAMMENKOMMEN

Die Reflexion der Beziehungsgrundlagen kann sinnvolle Informationen über die Aufgabe der Beziehung hervorbringen. Um eine konkrete Beziehung noch detaillierter zu beschreiben, lässt sich jeder der vier Bereiche zusätzlich in Räume unterteilen.

Beispielsweise könnten im Bereich Bedürfnisse die Räume Sexualität, Erotik, Vertrautheit, Sicherheit, Freizeit oder andere vorkommen. Im Bereich Lebensprojekte mögen sich die Räume Familie und/oder berufliche oder soziale Räume auftun. Im Bereich des Beziehungsmythos mögen sich die Räume Träume, Glauben oder Hoffnung ergeben, im Bereich Wesensergänzung geistiger Austausch oder psychische Rollenteilung. Interessant kann auch die Atmosphäre sein, die in den einzelnen Räumen herrscht. Treffen zwei beispielsweise im Raum Sexualität zusammen, kann die Atmosphäre kühl oder warm oder sonst wie empfunden werden.

Bei der Reflexion von Beziehungsgrundlagen geht es nicht um die Erwartungen der Partner, nicht darum, wo Beziehung sein sollte, sein könnte, einmal stattfand oder bei anderen Paaren angeblich stattfindet. Es geht um die Bereiche und Räume, in denen tatsächlich Beziehung stattfindet.

Wenn Partner über Beziehungsgrundlagen oder Beziehungsräume reflektieren, empfiehlt es sich, dies anhand von Zeichnungen zu tun. Man kann beispielsweise ein Haus zeichnen, dessen Fundament die Beziehungsgrundlage(n) darstellt und

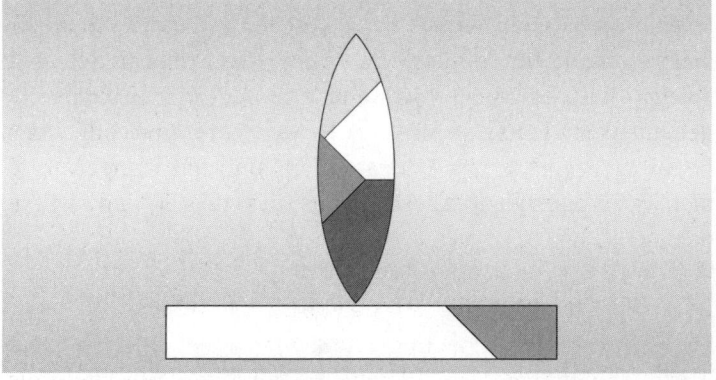

Die Abbildung zeigt eine Beziehung mit zwei verschieden gewichteten Grundlagen, drei Räumen, in denen Begegnung stattfindet, und einem Raum, in dem ein Partner Begegnung vermisst.

gewichtet und dessen Zimmer die Räume zeigen, in denen die Partner in einer bestimmten Atmosphäre zusammenkommen.

Als ein Nebeneffekt einer solchen Reflexion rücken auch die Räume ins Bewusstsein, in denen nur wenig oder keine Beziehung stattfindet. Dort kommen die Partner kaum oder nicht zusammen. So mag ein Paar feststellen, keinen Raum für »gemeinsame Interessen« zu finden. Obwohl jeder seine Freizeit mit dem anderen verbringen möchte, sind die Interessen zu unterschiedlich. Er taucht leidenschaftlich gern im Meer, sie interessiert sich nur für Kunst und Museen. So ist es; und ob einer von beiden etwas daran zu ändern vermag, bleibt erst einmal dahingestellt.

Ziel derartiger Reflexionen ist es daher nicht, Veränderungen herbeizuführen. Es geht vor allem um Erkenntnis und womöglich um Akzeptanz. Die Reflexion der Grundlagen, der Räume, in denen Beziehung stattfindet, und der Atmosphäre dieser Begegnungen dient der Informationssammlung. Jede neue Information, wozu auch die Neubewertung vorhandener Informationen gehört, vermag die Einstellung zur Beziehung zu verändern. So kann allein die Erkenntnis des Beziehungszwecks eine Veränderung nach sich ziehen, indem sie beispielsweise Betroffenheit erzeugt. Wer etwas Neues oder Überraschendes erkennt und anerkennt, kann sich nicht länger etwas anderes vormachen. Er hält inne und fühlt und denkt nach. Gut möglich, dass dieser Realisation dann Verhaltensänderungen folgen, sei es unmittelbar oder irgendwann in der Zukunft.

DIE VERBINDUNGEN IN DER BEZIEHUNG

Auf der Grundlage ihrer Beziehung stehend, entwickeln die Partner ganz bestimmte Bindungen aneinander. Diese Verbindungen kann man sich im Wortsinn als Bänder vorstellen.

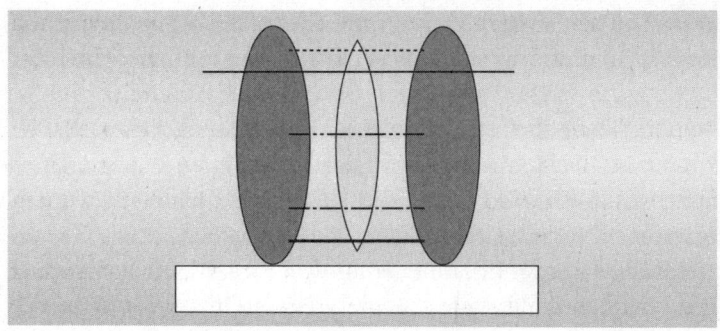

Die Abbildung zeigt die Verbindung zweier Partner durch unterschiedlich starke Bänder oberhalb oder unterhalb der Bewusstseinslinie.

Natürlich befinden sich die meisten dieser Bänder, vor allem zum Zeitpunkt ihrer Entstehung, unterhalb der Bewusstseinsschwelle. Die Partner bemerken nicht, wodurch sie aneinander gebunden sind. Deshalb kann es sinnvoll sein, sich diese Verbindungen zu vergegenwärtigen. Eine solche Realisation macht vor allem dann Sinn, wenn eine dieser Bindungen erschlafft, reißt oder sich auflöst und dieser Vorgang unerkannt blieb und lediglich als vages Gefühl der Veränderung oder des Verlustes von »irgendwas« wahrgenommen wird.

Welche Bänder sind vorstellbar? Gemeinhin glauben Partner, sie würden schlicht und einfach durch ein Band namens Liebe verbunden. Das mag so erscheinen, stellt jedoch eine starke Vereinfachung dar. Partner können ebenso durch Besitz, Angst, Hoffnungen, gemeinsam durchlittenes Leid, erlebtes Glück, Gefühle, Erwartungen, Hoffnungen, Träume, Erinnerungen, Rituale, Versprechen, Verpflichtungen, soziale Faktoren usw. aneinander gebunden sein. Am besten verleihen die Partner den Bändern die Namen. Schon dieser Einigungsprozess ist spannend und bringt oft überraschende Informationen hervor. Diese Namen können sein: Zärtlichkeit, Verliebtheit, Erotik, Hass, Erinnerung, Arbeit, Begierde, Angst, Liebe, unser Haus, unsere Kinder, Interessen, Verständnis usw.

Neben seiner Bezeichnung weist jedes Band einen bestimmten Zustand auf. Manche dieser Bänder erscheinen sehr stark, andere eher zart oder schwach. Je mehr starke Bänder vorhanden sind und je mehr Energie durch sie fließt, desto stabiler wird eine Beziehung sein. Sie kann aber auch am »seidenen Faden« hängen, weil bisher pulsierende Bänder dünn wurden, erschlafften oder zerrissen.

Beispielsweise stellte ein Paar fest, dass der Seitensprung der Frau das Band »Vertrauen« zerrissen hatte, obwohl es sich bisher scheinbar um ein festes Band zu handeln schien. In der Beratung haben beide ein Band in der Hand, das in der Mitte zerschnitten ist. Dieses Band, so sagt der Mann, kann nicht mehr in den ursprünglichen Zustand gebracht werden. Es ist ihm nicht möglich, darauf zu vertrauen, dass so etwas nicht wieder passieren wird, zumal die Frau solch ein Versprechen nicht abgeben will. Die Frau versteht seine Haltung, und beide stellen daraufhin ihre Bemühungen ein, das Vertrauensband wieder in den alten Zustand zu versetzen. Die Frau erklärt sich aber bereit, es ihm mitzuteilen, sollte so etwas noch einmal passieren; und darauf vertraut er. Das Band erhält nun einen lockeren Knoten, der es vorläufig zusammenhält.

Diese Beziehung kann sich nicht mehr in der alten Sicherheit wiegen, sie ist verletzt und unsicherer geworden. Nur scheinbar paradoxerweise kehrte mit der Anerkennung dieser Unsicherheit ein Teil des gegenseitigen Respekts zurück, der in den letzten Jahren verloren ging. Es ist sogar möglich, dass im Laufe der Zeit vom verlorenen Vertrauen einiges wiederkehrt und der Knoten sich festigt. Vielleicht wächst das Band sogar wieder zusammen.

Sich auf eine gemeinsame Wahrnehmung dessen zu einigen, was die Partner verbindet, kann unterschiedliche Konsequenzen nach sich ziehen. Es kann die Beziehung bestätigen (toll, wie viel uns verbindet), von Ansprüchen befreien, die sie nicht zu erfüllen vermag (wenn wir kein Band in diesem Bereich finden, machen wir eben getrennte Urlaube) oder in Frage stellen (ist das alles was uns verbindet?).

Beispielsweise kam ein Paar nach dreijähriger Beziehung und vielfachen Bemühungen, die anfänglich vorhandenen Gefühle in der Beziehung zu reaktivieren, zu dem Schluss: »Was uns in erster Linie miteinander verbindet, ist die Sorge um unser Kind.« Sie nahmen ein Band für »Kind« in die Hände, ein zweites Band nannten sie »Freundschaft«. Diese beiden Bänder hielten sie fest, ein Band mit dem Namen »Liebe« legten beide auf den Boden. Sie entschlossen sich daraufhin, sich als Partner freizugeben und sich fortan als Eltern und Freunde aufeinander zu beziehen. Sie stellten ihre Bemühungen ein, wieder Liebespartner zu werden. Hätten weitere Bänder bestanden, beispielsweise mit dem Namen »Hoffnung« (auf die Wiederauferstehung ihrer Liebe), wäre ihre Entscheidung sicher anders ausgefallen.

Eine Reflexion der Bänder zwischen den Partnern macht unter Umständen die Kluft zwischen Wunsch und Wirklichkeit besonders deutlich. Denn sie weist auch auf das hin, was einst war und inzwischen verloren gegangen ist. Das sind die Bänder, die auf dem Boden liegen oder die aus der Hand gelegt werden.

Beispielsweise realisierte eine Partnerin, dass das Band »Erotik«, dass sie auf intensive Weise über mehrere Jahre mit ihrem Freund verbunden hatte, vom Partner mit den Worten »Ich begehre dich nicht mehr« aus der Hand gelegt wurde. Sie selbst hielt dieses Band noch fest, änderte jedoch aufgrund der Erkenntnis, dass das Ende des Bandes ins Nichts führt, dessen Namen. Sie nannte es nun »Hoffnung auf die Wiederbelebung der erotischen Verbindung« und ließ ihren Partner wissen, dass »ich jetzt zwar noch Hoffnung habe, das Band aber nicht ewig festhalten werde«.

Eine andere Frau stellte ihre Beziehung in Frage, weil der Sex darin »nicht gerade berauschend« war. Auf die Frage, was sie und ihren Mann denn verbinde, nahm sie etliche starke Bänder auf. Die beiden hatten gemeinsame Kinder, wohnten zusammen, arbeiteten zusammen, verfolgten gleiche Freizeitinteressen, führten regen geistigen Austausch miteinander und liebten sich. Das alles empfand sie als stimmig und die entsprechenden Bänder als »stark« und »lebendig«. Nur das Band mit dem Namen »Sexualität« erschien ihr zu dünn. Nun aber erkannte sie: »Eigentlich verbindet uns eine ganze Menge, viele Paare würden sich so etwas wünschen.« Damit war die Sexualität zwar nicht verbessert, aber ihre Bedeutung innerhalb der Beziehung nahm ab, wodurch die Beziehung anerkannt wurde.

Zu beschreiben, »was uns verbindet«, lässt eine von alltäglichen Auslösern unabhängige Kommunikation über die Beziehung entstehen. Zudem werden Gemeinsamkeiten und Unterschiede im Erleben und in der Wahrnehmung der Beziehung deutlicher. Der eine mag das Band »Liebe« als pulsierend und stark, der andere als ein schwaches Rohr empfinden, durch das kaum noch Kraft fließt. Ist eine solche unterschiedliche Wahrnehmung erst einmal ausgesprochen, kann man entsprechend reagieren; die Partner können sich beispielsweise Gedanken darüber machen, ob und wie ein Band reaktiviert und mit Leben erfüllt werden kann. Oder im Gegenteil zu dem Ergebnis kommen, dass keine Bereitschaft da ist, ein bestimmtes Band aufzunehmen und wieder mit Leben zu erfüllen. Oder es wird realisiert, dass zwar einige Bänder erschlafft, dafür aber neue, lebendig pulsierende entstanden sind.

DIE ROLLEN IN DER BEZIEHUNG

Die Beziehungsgrundlage weist auf den Zweck einer Beziehung hin. Um diesen Zweck erfüllen zu können, übernehmen die Partner spezifische Aufgaben. Dadurch geraten sie in unterschiedliche Rollen. Das bedeutet: Wer zwei Partner füreinander

sein können, unterliegt nicht ihrer Willensentscheidung. Die
Beziehung bestimmt darüber. Anders ausgedrückt könnte man
sagen, die Rollen der Partner würden unbewusst ausgehandelt
oder festgelegt.

Beispielsweise können zwei nicht darüber bestimmen, ob
und wie lange sie »Geliebte« sein werden oder ob es ihnen
möglich sein wird, einander »Lebensbegleiter« zu bleiben, wenn
die Kinder einmal aus dem Haus gegangen sind. Weil die Partner sie nicht willentlich festlegen können, bleibt ihnen erst
einmal nur, ihre jeweiligen Rollen und deren Wechsel zu entdecken. Anschließend können sie dann nach Wegen suchen, mit
dem Entdeckten umzugehen.

Die Rollen der Partner ergeben sich aus der Antwort auf die
Frage: »Wer sind wir füreinander?« Sind wir Geliebte, Partner,
Freunde ... oder etwas anderes? In der Anfangsphase einer Beziehung lässt sich diese Frage leicht beantworten, da sind die
Partner einander meist Geliebte. Das ändert sich mit dem ersten
Rollenwechsel. Dieser findet zum Ende der Verliebtheitsphase
statt. Aus »Verliebten« werden »Partner« oder, wenn die Liebesbeziehung nicht weitergeht, »Freunde« oder »Fremde«. Meist
bleibt es nicht bei diesem einen Rollenwechsel, weitere folgen.

Ein Rollenwechsel gehört zu den schwer realisierbaren Vorgängen in einer Beziehung, und er kann gravierend sein. Wenn
Partner beispielsweise Kinder bekommen, sind sie nicht länger
nur Ehepartner, sondern nehmen Mutter- und Vaterrollen ein.
Unter Umständen können sich die Elternrolle und die damit
verbundenen Aufgaben im Laufe der Zeit so ausbreiten, dass
die Partner einander »Vati« und »Mutti« rufen. Sie sind nun
Partner im Familienprojekt geworden und nehmen sich kaum
noch als »Mann« und »Frau« wahr. Wenn Therapeuten jetzt
darauf drängen, sich auch unabhängig von den Kindern Erlebensräume zu reservieren, wird ein solches Vorhaben nur dann
funktionieren, wenn sich die Beziehung zu diesem Zeitpunkt
nicht vorwiegend auf ein Familienprojekt gründet.

Andere Paare stellen fest, sich im Laufe der Zeit von »Vertrauten« zu »Fremden« verwandelt zu haben. Wie konnte das geschehen? Wir waren doch einmal ... Liebende ... Lebenspartner ... Freunde füreinander? Die Reflexion der Rollen erübrigt nun die üblichen Schuldvorwürfe. Wenn zwei einander fremd geworden sind, so liegt das nicht an einem Partner. Beispielsweise hat einer eine Stelle und eine Wohnung in einer anderen Stadt genommen, und die beiden haben sich in der Folge entfremdet. Diese Entwicklung haben beide verursacht, indem sie die Entscheidung gemeinsam trugen. Womöglich waren sie nicht genügend motiviert, ihre Beziehung in ihrer nahen Form zu erhalten, weil andere Dinge wichtiger waren. Nun hat sich ihre Beziehung verändert und bietet ihnen womöglich nur noch die Chance, Freunde zu bleiben.

Partner können mit der Rolle, die ihnen die Beziehung anbietet, zufrieden sein, dann haben sie an der Beziehung wenig auszusetzen. Die zugewiesene Rolle kann sie aber auch unzufrieden und unerfüllt werden lassen, weil sie ihren Spielraum einschränkt. So könnte ein Partner beispielsweise feststellen, in einer Beziehung nur »Geliebter« sein zu können, oder es fällt einer Partnerin auf, »bloß« »Freizeitpartnerin« zu sein. Ein Mann fühlt sich nur noch als »Ernährer«, und eine Frau wehrt sich dagegen, »Kummerkasten« für die Familie zu sein und selbst zu kurz zu kommen.

In solchen Fällen von Unzufriedenheit mit der zugewiesenen Rolle kann es hilfreich sein, die eingenommenen Rollen zu benennen und herauszufinden, »wer wir füreinander (geworden) sind«, aber auch, »wer wir füreinander waren« und »wer wir füreinander zu sein bereit sind« und ebenso »wer ich für dich nicht mehr sein will«.

Beispielsweise beschäftigt sich ein Paar damit, ob es zusammenbleiben oder sich trennen soll und beschreibt die Entwicklung der Beziehung folgendermaßen: »In der Anfangszeit waren wir Liebende. Dann haben wir Kinder bekommen und wurden

Eltern. Dann haben wir ein Unternehmen gegründet und sind
Geschäftspartner geworden. Nach einigen Jahren waren wir
allerdings Konkurrenten in der eigenen Firma. Unsere Liebe hat
unter den geschäftlichen Zwängen stark gelitten. Heute sind
wir nur noch Familien- und Geschäftspartner, die Gefühle der
Liebe sind weg. Als Freunde haben wir uns allerdings nie empfunden.«

Die Partner entschließen sich daraufhin, einander das zu
bleiben, was sie sind, nämlich Familien- und Geschäftspartner,
und wollen sehen, ob sie einander Freunde werden können. Sie
kümmern sich weiterhin gemeinsam um die Kinder und das
Geschäft. Ihre Verbindung als Mann und Frau lösen sie auf und
geben sich in Bezug auf die Liebe frei.

Auch wenn das Beziehungsideal Partnern einredet, sie sollten
und könnten alles füreinander sein, Liebende, Geliebte, Sexualpartner, Projektpartner, Ratgeber, Freunde, Interessenpartner,
Vertraute und mehr, ist solches kaum und wenn, dann nicht auf
Dauer möglich. Die Beziehung gibt nicht alle Rollen her. Manche Rollen schließen sich sogar gegenseitig aus.

So kann ein Sexualpartner nur begrenzt zugleich ein Freund
sein, denn er vertritt egoistische Interessen weit mehr, als ein
Freund das tun würde. Sind zwei einander Fremde geworden,
können sie nicht zugleich Vertraute füreinander sein. Und im
Falle einer bevorstehenden Trennung könnten zwei, die sich
einst innig liebten, feststellen, einander Feinde geworden zu
sein. Enttäuschung und Schmerz und das starke Bedürfnis nach
Abstand haben sie diese Rollen einnehmen lassen. Aufgabe dieser Feinde mag es nun sein, die Beziehung zu beenden. Ist das
geschehen, kann sich die Lage entspannen und mitunter Freundschaft wieder möglich werden, zumindest mag sich die Feind-
schaft im Laufe der Zeit auflösen.

Eine Partnerschaft ist unvermeidbaren Entwicklungen und
Veränderungen unterworfen. Werden diese Veränderungen übersehen, kann ein Kampf darum ausbrechen, wer an dieser Ent-

wicklung schuld ist. Werden hingegen die gegenwärtigen Rollen der Partner benannt, fallen Schuldvorwürfe in sich zusammen. Die Frau, die es ablehnt, weiter »Wochenendgeliebte« zu sein, wird ihrem Partner kaum vorwerfen, sie in diese Rolle gezwungen zu haben. Sie selbst hat sie eingenommen, nicht absichtlich zwar, nicht bewusst, aber dennoch hat sie es getan.

Unzufriedenheit mit den erkannten Rollen kann die Partner motivieren, ihre Rollen verändern zu wollen. Davon mag die Beziehung profitieren. Wenn beispielsweise die oben zitierte Frau die Rolle der Wochenendgeliebten ablehnt, wird sie ihr Verhalten ändern und Forderungen stellen. Darauf wird der Partner reagieren, und diese beidseitige Verhaltensänderung verändert auch ihre Beziehung – in die eine oder andere Richtung.

Zu entdecken, wer man füreinander ist, hat in erster Linie Erkenntnis und nicht Veränderung zum Ziel. Allerdings folgt der Erkenntnis auch hier nicht selten eine Veränderung. Die ins Bewusstsein getragene Information liegt jetzt auf dem Tisch, ihre Realisation wird Folgen haben. Eine Folge der Realisation von Rollen kann deren Anerkennung sein. Die Partner sind einander jemand anderes geworden. Sie haben es nicht so geplant, es hat sich so entwickelt. Nicht die Partner, die Beziehung hat darüber entschieden. Jetzt bleibt uns, damit umzugehen.

DER ZUSTAND EINER BEZIEHUNG

Eine weitere Möglichkeit der Kommunikation über eine Beziehung besteht darin, ihren Zustand zu reflektieren. Menschen befinden sich, je nach den inneren und äußeren Umständen ihres Lebens, in wechselnden Zuständen. Das Gleiche trifft auf Beziehungen zu, auch sie verändern ihre Zustände. So mag eine bisher erotische Beziehung harmonisch werden, eine bisher

distanzierte Beziehung mag sich in eine nahe verwandeln, eine
bisher vertraute Beziehung mag gleichgültig werden und anderes mehr. Eine solche Zustandsveränderung kann grundsätz-
licher oder nur vorübergehender Natur sein.

Der Zustand ihrer Beziehung kann den Partnern indes nicht
gleichgültig sein, denn von ihm hängt es ab, ob die Beziehung
anziehend oder abstoßend auf sie wirkt. Daher besteht eine
weitere sinnvolle Möglichkeit der Kommunikation über die Beziehung darin, ihren gegenwärtigen Zustand zu erforschen.

Auch dabei besteht die eigentliche Schwierigkeit darin, den
realen vom erwünschten Zustand zu unterscheiden, also beispielsweise Veränderungen wahrzunehmen. Eine Veränderung
im Zustand wird selten beabsichtigt. Eher rutschen Beziehungen, so könnte man es ausdrücken, in veränderte Zustände
hinein. Das ruft verständlicherweise Irritationen und Unsicherheit hervor, und die meisten Partner tendieren dazu, dem jeweils anderen die Schuld dafür zu geben. Die Auseinandersetz-
zung darüber, »in welchem Zustand sich die Beziehung befindet«,
kann solche gegenseitigen Schuldvorwürfe beenden. Der Zustand einer Beziehung ist, wie alles andere in der Beziehung,
nämlich immer von beiden Partnern hervorgerufen.

Beispielsweise stellt ein Paar fest, dass sich seine Beziehung
in einem »Kriegszustand« befindet. Auch wenn die Frau meint,
das läge am aggressiven Auftreten des Mannes, so kann einer
alleine keinen Krieg führen. Zum Kämpfen braucht es zwei.
Heraus kam, dass der Mann offensiv und die Frau verdeckt
kämpften. Er versuchte sie einzuschüchtern und so seine Interessen durchzusetzen, während sie ihre Interessen in der unter-
gründigen Art einer Guerillera vertrat. Als die beiden ihren
Anteil am Kriegszustand erkannten und auch, wofür jeder
kämpfte, gelang es ihnen schließlich, ihre unterschiedlichen
Interessen gegenseitig wertzuschätzen. Sie einigten sich nun
darauf, fortan friedliche Verhandlungen statt Krieg zu führen.

Es sind immer beide am Zustand der Beziehung beteiligt. Ob

dieser als entspannt, angespannt, harmonisch, gleichgültig, aggressiv, wechselhaft, distanziert, lebendig, unsicher, langweilig, leidenschaftlich, vertraut, kämpferisch, freundschaftlich, feindlich usw. beschrieben wird, immer haben beide einen Anteil daran. Diesen eigenen Anteil zu entdecken löst manches Aha-Erlebnis aus und beendet auch manchen Kampf.

So stellte ein Paar zum Beispiel fest, dass seine Beziehung »schwerverletzt« war. In diesen Zustand geriet sie durch ein jahrelanges Ritual der Auseinandersetzung, in dem die Frau den Mann beschuldigte, sich nicht genügend um sie zu kümmern, und er diese Vorwürfe stumm über sich ergehen ließ. Bestand ihr Anteil an der Verletzung der Beziehung im »Angreifen«, lag sein Anteil im »Erdulden«. Sie hatte auf die Beziehung eingeschlagen, er hatte sich abgewendet und die Beziehung diesen Schlägen ausgeliefert.

Wenn eine bisher »heiße« erotische Beziehung ihre Anziehung verliert und in einen Zustand der »Kühle« gerät, so liegt das nicht allein am Mann, der sich möglicherweise beziehungslos an seiner Frau befriedigt, sondern ebenso an der anfänglichen Duldung dieses Verhaltens durch die Frau und an ihrem späteren Rückzug. Wer hat nun Schuld am Zustand der Beziehung? Beide sind daran beteiligt!

Daher kann man nur zustimmen, wenn Michael L. Moeller sagt: »Alles was im Paar geschieht, ist von beiden bedingt.«[125] Einschränkend muss lediglich hinzugefügt werden, dass die Partner sich meist nicht aufgrund bewusster Absichten verhalten, sondern dass ihr individuelles Verhalten zu großen Teilen unbewusst motiviert ist.

Statt einander Schuld zuzuweisen, könnten Partner entdecken und staunen: Bisher war die Beziehung so vertraut, jetzt scheint sie so fremd zu sein. Oder: Bisher war unsere Beziehung so wechselhaft, jetzt kommt sie uns so gleichförmig vor. Oder: Bisher waren wir so harmonisch miteinander, jetzt ist die Beziehung so angespannt. Was sind deine und meine Anteile daran? Wie haben wir, ohne es zu merken und zu beabsichtigen, durch unser Verhalten die Beziehung in diesen Zustand versetzt?

Nicht selten liefert die Reflexion des Zustandes Hinweise zum besseren Umgang mit der Beziehung. So kam ein Paar nach der Affäre eines Partners zu dem Ergebnis, seine Beziehung befinde sich in einem äußerst »labilen« Zustand. Das war schon einige Monate so, und in der Absicht, die Beziehung möglichst schnell wieder zu stabilisieren, hatten sie sich gegenseitig jede wahrnehmbare emotionale Unsicherheit vorgehalten. Jetzt nickten sie zustimmend zur Feststellung, ihre Beziehung sei momentan eben unsicher, und begriffen, dass es dann allemal besser ist, mit ihr wie mit einem rohen Ei umzugehen, anstatt Stabilität erzwingen zu wollen.

DER WILLE EINER BEZIEHUNG

Eine weitere interessante Möglichkeit der Kommunikation über die Beziehung besteht darin, ihren Willen zu entdecken. Partner haben Bedürfnisse, und auch eine Beziehung hat Bedürfnisse. Man kann sogar sagen, jede Beziehung habe einen eigenen Willen, mit dem sie ihre Bedürfnisse durchsetzen will. Unter dem Willen einer Beziehung verstehe ich die Handlungsaufforderungen an einen oder beide Partner, die sich aus dem Zusammenspiel der unbewussten Absichten der Partner ergeben.

In Bezug auf die Willenslage sind unterschiedliche Konstellationen vorstellbar. Der Beziehungswille kann den Absichten der Partner entsprechen. Beispielsweise wünschen sich die Partner eine verständnisvolle Beziehung und haben eine solche, und deshalb sind alle Beteiligten zufrieden. Der Wille der Beziehung kann aber auch entgegengesetzter Natur sein. Selbst dann, wenn beide Partner gemeinsam am selben Strick ziehen und identische Wünsche umsetzen wollen, kann die Beziehung ein anderes Ziel verfolgen. Das zeigt sich beispielsweise, wenn die Partner vorhaben, noch einmal »von vorne anzufangen« und es ihnen beim besten Willen nicht gelingt.

Ein Paar hat sich solch einen Neuanfang vorgenommen. Die beiden wollen ihre tagtäglichen Streitereien und Kämpfe, von denen sie sich zunehmend erschöpft zeigen, aufgeben und von nun an wieder friedlich miteinander umgehen. Das gelingt ihnen teilweise – solange sie sich aus dem Wege gehen und Distanz zueinander halten. Sobald sie sich aber körperlich näher kommen, und sei es nur auf dem Sofa beim Fernsehen, entstehen unerträgliche Spannungen, und es bricht erneut Streit aus.

Man könnte in diesem Fall davon sprechen, die Partner suchten Harmonie, ihre Beziehung aber suche Streit. Bewusst versuchen die Partner verständnisvoll und friedlich miteinander umzugehen, unbewusst haben sie ein Hühnchen miteinander zu rupfen. Ihre Beziehung stachelt sie deshalb zum Kampf auf. Die Beziehung spielt nicht mit, sie will etwas anderes als die Partner. Im Fall dieses Paares ging es konkret darum, individuelle Unterschiedlichkeit anzuerkennen und nicht darum, mehr Gemeinsamkeit zu schaffen. In ihrem Bewusstsein kommen die beiden vorwiegend als »Wir« vor und kaum noch als Individuen. Der Beziehung tat die bewusst verordnete Harmonie nicht gut, sie drohte daran zu ersticken. Sie brauchte eine größere Unabhängigkeit der Partner, damit sie atmen konnte, und wollte diese durch Auseinandersetzungen herbeiführen.

Was eine Beziehung braucht oder will hängt von den äußeren und inneren Umständen ab, unter denen sie entsteht oder unter denen sie besteht und aus denen sich bestimmte Bedingungen an die Partner ergeben.

Beispielsweise stellt eine erotische Beziehung andere Bedingungen an die Partner als eine harmonische. Eine erotische Beziehung braucht sinnliches Erleben im Spannungsfeld von Nähe und Distanz und lebt auf Dauer von der »Differenz des Begehrens« (Ulrich Clement) der Partner. Eine harmonische Beziehung hingegen braucht Verständigung in Ausgleich und

Gleichklang. Diese unterschiedlichen Bedingungen kann man
nicht folgenlos ignorieren. Beispielsweise indem man sagt: »Weil
wir eine so tolle Sexualität haben, sollten wir auch den Alltag
teilen.« Dann kann sich zeigen, dass die Beziehung nicht mitspielt, weil sie etwas anderes will, wofür die folgenden Beispiele stehen.

Ein Paar lebt in getrennten Wohnungen. Ihre Beziehung war
bisher räumlich distanziert. Dieser Beziehung haben beide zu-
gestimmt, und beide haben sie als liebevoll erlebt. Nun haben
die Partner beschlossen, eine gemeinsame Wohnung zu nehmen. In der Folgezeit wird die Beziehung zur Verwunderung
beider allmählich emotional und psychisch distanzierter. Die
Partner sind sich zwar räumlich näher, halten aber innerlich
mehr Abstand zueinander als früher. Die Gründe dieser Entwicklung sind den Partnern schleierhaft. Es dauert lange, bis
der Mann schließlich entdeckt, sich in der räumlichen Nähe
unter Druck gesetzt zu fühlen, und die Frau feststellt, dass einige Erwartungen, die sie mit dem Zusammenziehen verband,
unerfüllt bleiben. Die Partner realisieren, dass es ihrer Beziehung nicht gut tut, wenn sie zusammenwohnen. Sie wollen Nähe,
aber ihre Beziehung will einen gewissen Abstand.

Ein anderes Paar beschloss, gemeinsam einen Internetver-

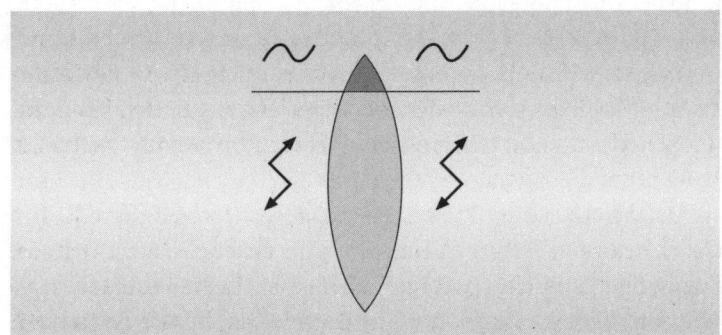

Oberhalb der Bewusstseinslinie streben die Partner Harmonie an, ihre
Beziehung jedoch sucht die Auseinandersetzung.

sand aufzubauen. Das lag nahe, denn das Geschäft konnte von zu Hause aus abgewickelt werden. Aber schon nach kurzer Zeit gerieten die beiden nur noch in Streit. Ihre Arbeitsweise war zu verschieden, und ihre Art, mit Konflikten umzugehen, war es ebenfalls. Das passte einfach nicht zusammen. Man kann daher sagen, ihre Beziehung wollte keine gemeinsame Arbeit dulden.

Für Paare ist es schwer zu begreifen, dass ihre Beziehung eigene Bedürfnisse oder einen eigenen Willen hat. Sie planen etwas Bestimmtes, werden anschließend von der Reaktion ihrer Beziehung überrascht, und dann hört man sie sagen: »Seit wir zusammenwohnen, haben unsere Spannungen zugenommen«, oder: »Seit wir Kinder haben, kommen wir uns körperlich kaum noch nah«, oder: »Seit wir uns aufgrund beruflicher Gründe seltener sehen, hat sich unsere Beziehung verbessert.«

Weil sich eine Beziehung nicht unbedingt nach den Wünschen und dem Willen der Partner richtet, kann es sehr hilfreich sein, sich über den Willen und die Bedürfnisse der Beziehung auszutauschen. Die Partner können beispielsweise darüber sprechen, was ihre Beziehung braucht, um ... (lebendig, leidenschaftlich, harmonisch, vertrauensvoll etc.) zu sein. Dann können sie nach Möglichkeiten suchen, diesen Bedingungen gerecht zu werden.

Meint ein Paar beispielsweise, dass seine Beziehung Erotik braucht, wird es mehr auf die Bedingungen der Leidenschaft eingehen müssen und einen gewissen räumlichen und/oder psychischen Abstand zueinander einnehmen. Nicht zufällig versuchen Therapeuten, einer leidenschaftslos weil zu harmonisch gewordenen Beziehung die verloren gegangenen Bedingungen Risiko, Fremdheit und Grenzüberschreitung zuzuführen, sei es durch sexualtechnische Übungen oder die Suche nach Gemeinsamkeiten in den sexuellen Differenzen. Stellt ein Paar dagegen fest, dass die Beziehung Harmonie braucht, wird es auf die Bedingungen der Harmonie eingehen müssen, einen Interessenausgleich herstellen, die Verständigung fördern etc.

Haben Partner nun beispielsweise festgestellt, dass ihre Beziehung möglicherweise Distanz braucht, folgt daraus nicht automatisch, dass einer oder beide Partner der Beziehung diese Distanz geben wollen oder geben können. Selbst wenn ihnen das gelingt, muss sich erst zeigen, ob die Beziehung bei ihrem Vorhaben mitzieht.

Wie zeigt eine Beziehung, ob sie braucht, was die Partner ihr anbieten und bereit zu geben sind? Indem sie positiv darauf reagiert, also durch ihre Reaktion.

REAKTIONEN DER BEZIEHUNG AUF DIE PARTNER

Die nächste Möglichkeit, eine Beziehung zu erforschen, besteht darin, deren Reaktionen auf das Verhalten der Partner zu verfolgen. Wie eine Beziehung auf gewohntes Verhalten reagiert, ist bereits angedeutet worden – sie nimmt einen bestimmten Zustand ein. Interessant ist es dann zu entdecken, wie eine Beziehung auf Verhaltensänderungen seitens eines oder beider Partner reagiert. Solche Verhaltensänderungen können beispielsweise aus der im vorigen Abschnitt aufgeworfenen Frage, was eine Beziehung braucht, und dem Versuch, es ihr zu geben, entstehen. Oder sie ergeben sich, weil die Partner mit ihrer Beziehung unzufrieden sind.

Einer Beziehung Eigenständigkeit zuzugestehen und ihr einen eigenen Willen einzuräumen bedeutet nicht, dass man sich ihr ausliefern müsse. Partner können der Beziehung ihren Willen entgegenhalten. Gerade aus der Eigenständigkeit der Beziehung ergibt sich, dass man sich ihr gegenüber verhalten kann, ähnlich wie man sich gegenüber einer Person verhält. Selbstverständlich wird die Beziehung ihrerseits auf ein verändertes Verhalten der Partner reagieren, wenn auch selten vorhersehbar ist, auf welche Weise. Sein eigenes Verhalten der Beziehung gegenüber zu verändern kann demnach ein spannendes Experiment sein.

Ein Paar fand seine Beziehung seit geraumer Zeit fade und gleichförmig. Die beiden konnten nichts Rechtes miteinander anfangen. Versuche, durch gemeinsame Unternehmungen gemeinsames Erleben und damit eine lebendige Beziehung zu schaffen, führten ins Leere. Beide Partner erklärten, mit solch einer gleichgültigen Beziehung auf Dauer nicht zufrieden sein zu können. Nachdem sie sich das eingestanden hatten, beschlossen sie, eine Auszeit voneinander zu nehmen und sich auf Zeit zu trennen. Der Mann bezog eine kleine Wohnung.

Die Partner verhielten sich (verändert) zu der als gleichgültig erlebten Beziehung, denn eine gleichgültige Beziehung lehnten beide ab. Statt sich wie bisher um die Beziehung zu bemühen, distanzierten sie sich nun von ihr. Jetzt waren die beiden alleine, und niemand konnte vorhersagen, wie ihre Beziehung auf die veränderte Situation reagieren würde. Wie ging es in diesem konkreten Fall weiter?

Im Laufe einiger Wochen empfanden beide Partner Trauer und Schmerz bei der Vorstellung, ihr Leben fortan getrennt voneinander zu verbringen. Bei gelegentlichen Treffen auf neutralem Boden, in einem Café, tauschten sie sich über ihre Gefühle aus. Sie begannen einander zu vermissen. Die Beziehung reagierte und wurde wieder »warm«, die Partner entwickelten erneut Interesse aneinander. Die beiden beschlossen daraufhin, ein Paar zu bleiben, vorerst aber weiter in getrennten Wohnungen zu leben.

Diese Beziehung hat auf das (veränderte) Verhalten der Partner reagiert, sogar in positiver Weise. Allerdings wäre auch eine gegenteilige Reaktion vorstellbar gewesen. Statt Schmerz hätten die beiden aufgrund ihrer Trennung Erleichterung empfunden, oder zumindest einer von beiden, und beim Wiedersehen wäre keine Freude entstanden, vielmehr wäre ihre Beziehung fern und kühl erschienen. Dann hätte die Beziehung mit Distanz reagiert, und die beiden wären wahrscheinlich auseinander gegangen.

Ein typisches Reaktionsmuster von Beziehungen habe ich in meinem Buch *Schluss mit dem Beziehungskrampf* beschrieben. Dort geht es um die geschlechtsspezifische Art und Weise, in der Männer und Frauen die Vorgänge rund um Liebe deuten und um die Verhaltensweisen, die sie aufgrund dieser Deutungen entwickeln. Männer erleben Liebe oft im Zusammenhang mit Enge-, Frauen im Zusammenhang mit Mangelgefühlen. Die typisch männliche Reaktion darauf besteht nun darin, sich vor der Frau zu verschließen, während die Frau – sobald sie sich vernachlässigt fühlt – sich um den Mann bemüht. Der Mann kann nun mit Recht davon sprechen, bedrängt zu werden, und die Frau hat Recht, wenn sie beklagt, hängen gelassen zu werden.

Die Beziehung gerät ob dieser Verhaltensweisen in einen Kampfzustand. Verändert nun einer – oder beide Partner – sein Verhalten, reagiert auch die Beziehung hierauf. Sobald der Mann sich, statt den Rückzug zu wählen, emotional gegenüber seiner Frau behauptet, und sobald die Frau sich, statt um die Aufmerksamkeit des Mannes zu buhlen, unabhängiger von ihrem Mann macht, verändert sich auch die Beziehung. Aus dem zähen Kampf wird Verständigung oder offene Auseinandersetzung um Bedürfnisse und Grenzen.

Eine Beziehung reagiert auf jede Veränderung im Verhalten der Partner, gleich ob dieses durch äußere oder innere Umstände hervorgerufen wurde. Eine Beziehung reagiert darauf, wenn Kinder kommen oder das Haus verlassen, wenn ein Haus gebaut wird, auf die Krankheit eines Partners, wenn ein Seitensprung passiert, wenn ein Machtkampf tobt, wenn Partner zusammenziehen, wenn einer den Beruf wechselt, usw.

Oft realisieren Partner zwar die Veränderungen der Umstände und des eigenen Verhaltens, nicht aber die Reaktion ihrer Beziehung. Wenn die Beziehung dann reagiert, wundern sie sich. So wird beispielsweise die Geburt eines Kindes eine Beziehung verändern, weil sich damit das Verhalten der Partner ändert. Die Frau wird sich emotional dem Kinde mehr zuwen-

den, und für den Mann liegt es nahe, sich vernachlässigt zu
fühlen. Im Ergebnis mag die Beziehung verunsichert reagieren.
Wenn die Partner ihre Erwartungen den neuen Umständen nicht
anpassen, mag die Beziehung gereizt reagieren, und es kommt
zu Streit.

Mit Fragen wie »Was bedeutet die neue Situation für unsere
Beziehung?« oder »Was bedeutet dieses (veränderte) Verhalten
für die Beziehung?« kann dann Klarheit gesucht werden. Im
obigen Beispiel (Kinderkriegen) mögen die Partner die Verunsi-
cherung ihrer Beziehung realisieren, was ihr Verhalten beeinflussen wird. Entweder gehen sie nun vorsichtiger miteinander
um, oder sie wenden sich einander wieder mehr zu.

Die Möglichkeit, durch Verhaltensänderungen der Partner
die Beziehung positiv zu beeinflussen, ist ein zentrales Anliegen paartherapeutischer Bemühungen. Bereitschaft und Vermögen zur Verhaltensänderung sowie die Unvorhersehbarkeit
der Reaktion der Beziehung markieren dabei die Grenzen des
Erfolgs. So bleibt den Partnern oft nur, mit ihren Ideen und
Vorstellungen zu experimentieren und abzuwarten, wie ihre
Beziehung darauf reagiert.

VON DER BEZIEHUNG UNABHÄNGIGE TRÄUME

Kommen wir nun zur letzten der von mir vorgeschlagenen
Varianten der Kommunikation über Beziehungen, dem Austausch
über die voneinander unabhängigen Lebensträume der Partner.

Wenn Partner lange Zeit zusammenleben, vergessen sie, dass
es solche unterschiedlichen Träume gibt und dass ihr Vorhan-
densein auch dann, wenn sie nicht mitgeteilt werden, Einfluss
auf die Beziehung hat. Die Partner haben sich im Laufe der
Jahre auf eine bestimmte Art und Weise des Zusammenlebens
eingespielt und dabei auf eine Reihe von Gemeinsamkeiten
geeinigt. Was sie voneinander unterscheidet, ist dieser Harmo-
nisierung ihrer Lebensweise zum Opfer gefallen.

Das birgt Vor- und Nachteile. Als Vorteil mögen viele die scheinbare Verlässlichkeit ihrer Beziehung werten, die Nachteile liegen in einer gewissen Gleichförmigkeit des Beziehungslebens, die als Langeweile empfunden wird. Alles scheint sicher, vertraut und zugleich fade geworden. Die berühmte Frage »Das soll jetzt alles gewesen sein?« mag auftauchen und einen Hinweis darauf geben, dass noch mehr vom Leben erwartet wird.

Man könnte ..., am liebsten würde man ..., eigentlich träumt man davon ... All das wäre möglich, *wenn da nicht die Beziehung wäre*. Statt jetzt weiterhin die Beziehung von individuellen Unterschieden zu verschonen, können die Partner einander ihre Träume offenbaren. Eine müde oder eingeschlafene Beziehung kann so aufgeweckt werden.

Es geht also um diejenigen Vorstellungen, die vom anderen unabhängig sind. Erhellende Fragen in diesem Zusammenhang lauten: »Wie würde ich leben, was würde ich tun, wenn wir nicht zusammen wären?« Oder: »Was will ich unbedingt getan und erlebt haben, bevor ich eines Tages sterbe?«

Mit diesen Fragen kann man sich gedanklich beschäftigen, man kann sie aber auch schriftlich beantworten. In beiden Fällen ginge es darum, ein Leben unabhängig vom Partner und der Beziehung zu ihm und frei von Rücksichtnahme zu phantasieren und sich darin zu erleben. Anschließend kann man diese Phantasien dem Partner mitteilen, man kann sie aber auch für sich behalten.

Haben die Partner ihre Sehnsüchte dem Leben oder einer Beziehung gegenüber entdeckt und sich entschlossen, sie sich gegenseitig mitzuteilen, schweben diese Träume wie Sprechblasen und Bilder im Raum. Der andere kann diese Bilder und kleinen Filme in Ruhe ansehen und erforschen und Fragen dazu stellen. Dabei kommt es darauf an, Interesse und Neugier zu zeigen, ohne die Vorstellungen des Partners zu diskutieren oder zu bewerten, geschweige denn abzuwerten. Es geht schlicht darum, die Unterschiede der Lebensträume zu erkennen und zu respektieren.

Haben die Partner diese Unterschiede realisiert, sind zwei grundsätzliche Reaktionen der Beziehung vorstellbar. Entweder die Träume des Partners faszinieren und wecken Interesse, dann wird die Beziehung lebendig, die Partner entdecken ein gemeinsames Interesse daran, ihr Leben zu verändern, und kommen sich in diesem Vorhaben näher. Oder aber die Träume des Partners schrecken ab, dann schaffen sie Distanz, und die Partner rücken mehr voneinander ab.

Beide Reaktionen sind von großem Interesse, weil sie damit zu tun haben, was die Partner zukünftig miteinander anfangen können. Es wird die Frage beantwortet, ob es für diese beiden Menschen »ungelebtes Leben« gibt, das sie miteinander teilen möchten. Dieses ungelebte Leben liegt weniger in der Vergangenheit, in der »Vision vom Anfang«, sondern in den zukunftsweisenden Träumen der Partner.

Den Ansatz, Gemeinsamkeiten aus den individuellen Differenzen der Partner zu schöpfen, wendet der systemische Psychologe Professor Ulrich Clement bei seiner »Therapie des Begehrens« an. Denn auch im sexuellen Bereich haben die Partner ihre Differenzen zugunsten von Harmonie und Rücksicht zurückgefahren, das Ergebnis ist auch hier Langeweile und fehlendes Begehren. Die Therapie besteht nun darin, nach neuen Gemeinsamkeiten in den individuell unterschiedlichen sexuellen Vorstellungen zu suchen. Clement hat hierzu ein Buch veröffentlicht.[126]

WENN DIE BEZIEHUNG DEN PARTNERN IM WEGE STEHT

Voneinander unabhängige Ziele und Träume sind in Partnerschaften stets vorhanden, und die Partner sollten nicht scheuen, darüber zu sprechen. Zu wissen, was jeder für die Beziehung zu opfern bereit ist und was nicht, kann dabei helfen, klarere Nähe-Distanz-Regelungen zu finden und womöglich mehr Raum für individuelles Erleben schaffen.

Selbstverständlich gibt es keine Garantie dafür, dass die Partner in ihren individuellen Lebensträumen tatsächlich auf gemeinsame Sehnsüchte treffen. Der Traum des Partners kann im Gegenteil abschreckend wirken. Dann besteht die Möglichkeit, dass die Beziehung das Individuum nicht – wie normalerweise erwartet – unterstützt, sondern ihm bei der Bedürfniserfüllung, bei seinen Lebensprojekten oder seiner persönlichen Entwicklung im Wege steht.

Der eine träumt von Kindern, der andere nicht. Der eine möchte im Ausland leben, der andere nicht. Der eine träumt von geschäftlichem Erfolg und einem aufwändigen Lebensstil, der andere fühlt sich auf dem Lande und in aller Bescheidenheit wohler. Solche individuellen Ziele können für den Einzelnen extrem wichtig sein. Er möchte seine Träume verwirklichen, aber die Beziehung hindert ihn daran. Kein Wunder, wenn daraufhin Konflikte ausbrechen und die Beziehung gefährdet ist.

Wenn individuelle Ziele der Partner in der Beziehung nicht untergebracht werden können, beginnen oft Machtkämpfe. Diese fruchten allerdings wenig, weil man gegen die Träume seines Partners nicht kämpfen kann. Es macht auch wenig Sinn, sie ihm vorzuwerfen. Er hat sie, er kann nichts dafür, sie werden ihm von seinem Unbewussten vorgegeben. Er kann sie nicht einfach gegen beziehungskompatible Träume austauschen.

Aufeinander Rücksicht zu nehmen und individuelle Vorhaben und Träume für eine Beziehung aufzugeben ist im Grunde ein alltäglicher Vorgang. Beziehungen haben ihren Preis, sie zu erhalten kann einen teilweisen Verzicht auf Selbstverwirklichung fordern. Das ist dann kein unüberwindbares Problem, wenn es sich lohnt, diesen Preis zu zahlen. Der Preis des Verzichtes erscheint jedoch als zu hoch, wenn der eigene Traum das Individuum nicht loslässt und an der Beziehung zu nagen beginnt.

Statt nun einander sinnlose Vorwürfe zu machen und miteinander zu kämpfen, könnten die Partner ihre unterschiedlichen Lebensziele erkennen und damit das, woran ihre Beziehung sie hindert. »Du willst auf keinen Fall Kinder. Die Beziehung zu dir hindert mich daran, jemals Kinder zu bekommen.«

Solch eine Situation gerät nicht selten zu einem Scheideweg. Bei aller Liebe und so schön es miteinander sein mag, Partner sind nicht immer in der Lage, der Beziehung zuliebe auf die Erfüllung wichtiger eigener Vorhaben zu verzichten. Etwas Eigenes kann wichtiger als die Beziehung sein.

Wir haben nun verschiedene Möglichkeiten kennen gelernt, über die Beziehung zu kommunizieren und sie zu erforschen. Eine solche Beschäftigung mit den verschiedenen Merkmalen einer Beziehung – ihren Grundlagen, den entstandenen Verbindungen, den eingenommenen Rollen, ihrem aktuellen Zustand, ihrem Willen, ihrer Reaktion und den individuellen Träumen der Partner – läuft darauf hinaus, eine größere Distanz zur Beziehung einzunehmen. Aus solcher Distanz heraus lässt sich der Wert einer Beziehung erfassen.

VOM WERT EINER BEZIEHUNG

Wie die bisherigen Ausführungen zeigen, macht es Sinn, eine Beziehung als eigenständige Person zu betrachten, der gegenüber man sich verhalten kann wie gegenüber anderen Personen auch. Daher kann man an eine Beziehung auch Bedingungen stellen.

Das mag ungewöhnlich erscheinen. Denn allzu oft wird davon geschwärmt, wahre Liebe sei bedingungslos und deshalb ginge es in Beziehungen darum, frei von Bedingungen zu lieben. Solche Ansichten sind in meinen Augen nicht nur Schwärmerei, sondern enthalten auch einen Widerspruch. Die Bedingung der Bedingungslosigkeit ist nämlich die größte vorstellbare Bedingung überhaupt.

Selbstverständlich stellen Partner auch dann Bedingungen an ihre Beziehung, wenn diese nicht ausdrücklich formuliert oder ihnen selbst nicht deutlich sind. Partner erwarten beispielsweise Liebe, anregende Kommunikation, sexuellen Austausch, Alltagsbegleitung, Treue, Ehrlichkeit und anderes von ihrer Beziehung.

Es ist völlig normal, etwas Bestimmtes von einer Beziehung zu erwarten. Allerdings sollten sich diese Bedingungen von denjenigen unterscheiden, die man an den Partner stellt. Bedingungen, die die Beziehung betreffen, sollten tatsächlich an die Beziehung und nicht an den Partner gerichtet sein. Richtet man eine Bedingung an den Partner, ruft das den falschen Eindruck hervor, der andere zeichne allein für die Beziehung verantwortlich.

Wenn sich jemand beispielsweise nach Leidenschaft sehnt, macht es wenig Sinn, diese vom Partner einzufordern und ihn aufzufordern: »Du sollst mich begehren!« Der andere kann erstens nicht bewusst über sein Begehren entscheiden. Zweitens gehört das Begehren zwischen diesen beiden Personen zur Beziehung und wird von dieser bereitgestellt oder von ihr verwehrt. Der Partner hätte alles Recht zu antworten: »Es muss auch mit dir zu tun haben, dass ich dich nicht mehr begehre.« Es liegt weder am einen allein noch am anderen, es liegt an der chemischen Reaktion, am Zusammenspiel unbewusster Kräfte und an den Verhaltensweisen der Partner, ob in der Beziehung viel oder wenig Leidenschaft vorkommt.

Bedingungen an die Beziehung anstatt an den Partner zu stellen verhindert Schuldzuweisungen und hat daneben den Vorteil, auf diese Weise das Selbstwertgefühl der Partner zu respektieren. So kann eine Frau der Vorhaltung ihres Freundes, sie sei beinah »frigide«, mit dem Hinweis begegnen: »Bloß weil in unserer Beziehung wenig Sexualität zustande kommt, bin ich noch lange nicht frigide.« An der reduzierten Sexualität ist der Mann ja gleichermaßen beteiligt, und beide sind es auf unbewusste Weise.

Bedingungen, die nur die Beziehung erfüllen kann, gibt es zahlreiche, etwa »Harmonie«, »Lebendigkeit« oder »Herzlichkeit«. Ob die Beziehung die an sie gestellte Bedingung erfüllt, ist eine andere Sache. Es macht aber wenig Sinn, einer Beziehung Bedingungen diktieren zu wollen, weil sie diese nicht unabhängig vom eigenen Verhalten erfüllen kann. Schließlich stellt man auch nur dann Bedingungen an andere Menschen, beispielsweise an Geschäftspartner, wenn man selbst bereit ist, auf deren Bedingungen einzugehen. Eine Beziehung ist kein Selbstbedienungsladen, die Partner werden demnach auch auf die Bedingungen ihrer Beziehung eingehen und deren Willen berücksichtigen müssen. Dabei sollten sie nicht aus den Augen verlieren, dass sie ihr eigenes Verhalten, hinter dem Gefühle und Lebenserfahrungen stehen, nur begrenzt in der Hand haben.

Selbstverständlich können die Partner mit therapeutischer

Unterstützung daran arbeiten, ob und unter welchen Umständen ihre Beziehung von einem oder beiden Partnern gestellte Bedingungen zu erfüllen vermag und wie jeder Partner dazu beitragen kann. Doch ob das gelingt, lässt sich auch therapeutisch nicht garantieren, es muss herausgefunden werden.

Was aber, wenn eine Beziehung wichtige, ja unverzichtbare Bedingungen selbst aufgrund therapeutischer Unterstützung nicht erfüllt? Dann fragen sich die Partner ganz zu Recht, was sie mit einer Beziehung anfangen sollen, die ihren Erwartungen kaum oder nur teilweise entspricht.

Das ist die Frage nach dem Wert der Beziehung. Ist diese konkrete Beziehung es wert, erhalten zu werden? Können wir mit dieser Beziehung leben? Ist diese Beziehung attraktiv, weil sie beispielsweise Freude und ein Stück Glück ins Leben bringt, oder zieht sie vorwiegend Frustration und Leid nach sich?

Die Frage nach dem Wert einer Beziehung taucht in dieser Klarheit meist auf, wenn Veränderungsversuche nicht zu befriedigenden Ergebnissen führten. Die Partner realisieren irgendwann, dass ihre Beziehung so ist, wie sie ist, und dass sie wenig daran ändern können oder wenig daran ändern wollen. Aus dieser Erfahrung lässt sich eine wichtige Erkenntnis ableiten. Gerade im Zusammenhang mit den hier diskutierten Möglichkeiten und Grenzen von Beziehungsarbeit gewinnt diese Erkenntnis ihre Bedeutung:

Ihre Beziehung ist das, was zwei Partner beim besten Willen miteinander hinbekommen.

Zwei sind zusammen, sie geben sich alle Mühe, zu der sie bereit und in der Lage sind, um auf gute Weise zusammen zu sein. Was dabei herauskommt, ist ihre Beziehung. Mit oder ohne therapeutische Unterstützung. Mehr ist nicht drin! Es mag viel oder wenig sein, es mag zufrieden oder unzufrieden machen. Diese Beziehung mag als gut oder als schlecht emp-

funden werden, sie mag viele oder wenige Lebensbereiche ab-
decken, sie mag sich auf Gefühle oder Lebensprojekte berufen
oder anders beschaffen sein. Aber es ist die Beziehung zu diesem Menschen.

Diese Beziehung, so wie sie ist, hat einen ganz bestimmten
Wert für jeden der Partner.

Wer sich die Frage nach dem Wert seiner Beziehung stellt, wird
nicht selten zu dem überraschenden Ergebnis kommen, dass sie
über einen relativ hohen Wert verfügt. Vielleicht erfüllt sie
nicht alle, aber doch eine Reihe wichtiger Bedingungen. Je
mehr das sind, desto wertvoller scheint die Beziehung zu sein.
Und umgekehrt gilt auch: Je weniger Bedingungen einer stellt,
desto leichter wird er Beziehungen eingehen und halten können.

    Es ist demnach ein ganz individueller und privater Maßstab,
von dem der Wert einer Beziehung abgelesen wird. Der Psychologe Dr. Arnold Retzer bemerkt in diesem Zusammenhang:

So gibt es unterschiedliche Bewertungen dessen, was notwendiger für eine Paarbeziehung sei, das Sinnsystem Liebe oder das
Sinnsystem Partnerschaft, und was vielleicht sogar ganz ohne
das andere auskäme oder auch inwieweit das eine Sinnsystem
Lösungsoptionen für das problematisch gewordene andere Sinnsystem bereithalten könnte. Wahrscheinlich wird man – zumindest als Paartherapeut – letztlich nicht umhinkommen, die betroffenen Teilnehmer an einer Paarbeziehung selbst um Rat zu
fragen, beziehungsweise deren Wertung in Erfahrung zu bringen.[127]

Ob in einer Beziehung viel Liebe oder viel Partnerschaft vorkommt, in welchem Verhältnis diese beiden Motive zueinander
stehen, ob Sexualität dazu gehört oder nicht, ob die Beziehung
herkömmlichen Vorstellungen entspricht oder neue Beziehungs-

formen zeigt, das alles liegt bei den Partnern. Niemand, auch kein Therapeut, ist demnach in der Lage zu definieren, was eine »richtige«, »gesunde« oder »reife« Beziehung wäre.

Der Wertmaßstab für die Beziehung kann, weil er individuell ist, bei beiden Partnern unterschiedlich sein. Was dem einen wertvoll erscheint, braucht den anderen nicht zu begeistern. Dementsprechend unterschiedlich fällt dann auch ihre Bewertung der Beziehung aus und ist es sinnvoll, sich darüber auszutauschen, anstatt zu spekulieren, ob der Partner der richtige oder falsche ist.

Die Antwort auf die Frage nach dem Wert einer Beziehung lässt sich nicht durch Analyse und Verstandesarbeit finden. Wiederholt bin ich in Bezug auf den Begriff »Wert einer Beziehung« auf den Einwand gestoßen, dahinter stünde ein technisches oder rationales Herangehen, so als ob es sich bei einer Beziehung um einen Gegenstand handle oder als ob es um Investitionen ginge. Das trifft schon deshalb nicht zu, weil das Gefühl über den Wert der Beziehung entscheidet und nicht der Verstand. Natürlich sind einem bestimmte Menschen wertvoller als andere. Natürlich werten und gewichten wir die Beziehungen unseres Lebens unterschiedlich. Allerdings sind die Maßstäbe dabei weder wirtschaftlicher noch technischer Art. Sie sind allein emotionaler Natur. Das Herz trifft hier die Entscheidung für oder gegen die Beziehung, nicht der Verstand. Der Verstand mag für eine gewisse Übersicht gesorgt haben, mehr kann er nicht tun. Die Beziehung hat Wert oder nicht. Man fühlt es.

Die Frage nach ihrem Wert stellt eine Beziehung auf den Prüfstand. Das ist gut so, denn von Zeit zu Zeit kann ein Schritt aus der Paareinheit zurück in die Individualität Überblick verschaffen. Vielleicht hat man sich von der Beziehung mehr erwartet, als diese erfüllen kann. Vielleicht kann man wichtige individuelle Erwartungen nicht aufgeben. Vielleicht leidet man permanent unter der Beziehung.

Dann ist es womöglich besser, sich von der Beziehung zu

trennen. Schließlich lässt sich eine Beziehung nicht alles von den Partnern bieten. *Warum sollten die Partner sich alles von ihrer Beziehung bieten lassen?* Man kann sie ebenso auflösen. Eine Beziehung, die über wenig Wert für die Partner verfügt, ist es kaum wert, erhalten zu werden.

Sich von einer Beziehung zu trennen ist etwas anderes, als sich vom Partner zu trennen. Es ist ein großer Unterschied zu verkünden: »Ich gehe, weil du nicht der Richtige bist«, oder sogar: »Ich gehe, weil du unfähig bist«, oder zu sagen: »Ich gehe, weil wir miteinander nicht das hinbekommen, was ich von einer Beziehung erwarte. Ich gehe, weil ich mit unserer Beziehung nicht zufrieden sein kann.«

Der Journalist Ulrich Stock interviewte den Hamburger Sexualforscher Gunter Schmidt im Rahmen eines Beitrages zur Sexualität von Paaren. Er fragte ihn:

Warum scheitern so viele Ehen? »Scheitern ist ein großes Wort«, sagt Schmidt. Er habe schon Leute sich trennen sehen, die sich einigermaßen verstanden – aber das sei ihnen zu wenig gewesen.[128]

Eine Beziehung, von der die Partner sagen, sie sei zu wenig oder sogar wertlos, sollte aufgelöst werden. Gott sei Dank ist Trennung heute zu einer praktikablen Option für Partner geworden, die zunehmend entdramatisiert wird.

WENN BEZIEHUNGEN ENDEN

Aus der Perspektive der Beziehung als eigenständigem Wesen enden Beziehungen nicht, weil der Partner der falsche wäre, sondern weil *die Beziehung zu ihm* nicht den Erwartungen entspricht und nicht mehr gewollt ist. Diese Unterscheidung ist bedeutend, denn sie vermeidet, dass Partner sich gegenseitig abwerten, und lässt sie Achtung voreinander bewahren.

Wenn Beziehungen keinen Wert mehr für sie haben, ziehen sich die Partner zurück. Sie verlassen die gemeinsame Grundlage und legen die verbindenden Bänder aus der Hand. Das Ende ist da. Ziehen sich Partner aufgrund bewusster Motive zurück, kann man davon sprechen, sie hätten die Beziehung aktiv beendet. Ziehen sie sich aufgrund unbewusster Beweggründe zurück, entgleitet ihnen die Beziehung oder stirbt unter ihren Händen, obwohl sie daran festhalten wollen. Dann sieht es oberflächlich betrachtet so aus, als hätten sie das Ende nicht gewollt. Dieser Eindruck entsteht allerdings aus der Perspektive des Bewusstseins, das an der Beziehung festhalten will, und übersieht, dass unbewusste Anteile das Ende wollten und es erfolgreich herbeiführten. Das Gefühl für den Partner starb nicht zufällig, sondern weil das Unbewusste es so wollte.

Weil solche unbewussten oder nicht kontrollierbaren Motive eine Trennung herbeiführen, spielen einmal mehr Gefühle die ausschlaggebende Rolle. Gefühle haben die Beziehung entstehen lassen, Gefühle haben sie getragen, und Gefühle sorgen für ihr Ende. Seine Gefühle vermochte kein Partner zu lenken, nicht am Anfang, nicht im Verlauf und nicht zum Schluss der Beziehung. Deshalb stimmt es versöhnlich, wenn Partner sagen können: »Wir haben unser Bestes gegeben, mehr bekommen wir miteinander nicht hin, und weil uns das nicht reicht, gehen wir auseinander.«

WESHALB BEZIEHUNGEN ENDEN KÖNNEN

Korrespondierend zu den Motiven, die Beziehungen entstehen lassen, bieten sich unterschiedliche Erklärungen für Trennungen an. Beziehungen enden beispielsweise, wenn sie ihre Grundlagen verlieren. Zur Erinnerung: Diese Grundlagen sind Bedürfnisbefriedigung, Wesensergänzung, Lebensprojekte und Beziehungsmythos.

Dient eine Beziehung vorwiegend der *Bedürfnisbefriedi-*

gung, mag sie zum Ende kommen, wenn die entsprechenden Bedürfnisse erlöschen oder mit jemand anderem noch besser befriedigt werden. Dann braucht man den Partner nicht mehr. So ging es einem Paar, das sich vor neun Jahren zusammentat. Als sie sich verliebten, kam er frisch aus dem Ausland, und sie hatte gerade die Universität verlassen. Beide fühlten sich in der Welt recht unsicher, auch weil sie ohne familiären Hintergrund dastanden, und entwickelten ein entsprechendes Sicherheitsbedürfnis. Gemeinsam haben sie sich anschließend eine materielle Lebensgrundlage aufgebaut, in ihren jeweiligen Berufen Fuß gefasst und sind dabei einander Stütze gewesen. Nun ist diese Aufgabe der Beziehung erfüllt, und die beiden stellen fest, immer weniger miteinander anfangen zu können. Schon seit einigen Jahren hat sich ihr Abstand zueinander, parallel zum wachsenden individuellen Sicherheitsgefühl, stetig vergrößert, und das Thema Trennung taucht nun häufiger und konkreter in ihren Gesprächen auf.

Beruht eine Beziehung auf *Wesensergänzung*, unterstützt sie besonders die persönliche Entwicklung der Partner. Auch solch eine Aufgabe kann irgendwann abgeschlossen sein. Der Psychologe Arnold Mindell weist auf diesen Vorgang hin:

Die Schwierigkeiten beginnen dann, wenn die in der Beziehung involvierten Individuen diese Teile selbst zu integrieren beginnen. Von diesem Moment an haben sie weniger Bedarf nach dem anderen Partner (...).[129]

Wenn entscheidende Persönlichkeitsmerkmale gegenseitig integriert werden, verliert die auf Wesensergänzung beruhende Beziehung ihr Motiv. Die unselbstständige Frau wird selbstständig, der unsensible Mann wird sensibel, die Partner finden sich nicht mehr anziehend und faszinierend und treiben möglicherweise auseinander.

Eine Beziehung kann auch auslaufen, wenn ein gemeinsa-

mer *Lebenstraum* erfüllt ist und die Partner anschließend ohne
verbindende Aufgaben und gemeinsamen Sinn dastehen. So
meinte eine Frau: »Jetzt, wo die Kinder groß sind, werden wir
wohl auseinander gehen. In den letzten Jahren haben wir uns
voneinander fortbewegt und gehen zumeist getrennte Wege. Da
ist nichts Wichtiges mehr, was uns zusammenhält.« Ein anderes
Paar hatte einen fünfjährigen Forschungsauftrag, zu dessen
Beginn sie sich verliebten und den sie gemeinsam erfolgreich
bewältigten. Nun wies die berufliche Entwicklung in verschiedene Richtungen, und ihre Beziehung hatte nicht mehr genügend Kraft, die beiden zusammenzuhalten.

Eine Beziehung kann auch mit der Auflösung des *Beziehungsmythos* enden, durch den sie getragen wurde. Der Beziehungsmythos könnte sich beispielsweise auf die Vorstellung
lebenslanger Treue berufen, bis einem Partner ein Seitensprung
passiert. Die Beziehung ist davon stark erschüttert. Etwas ist
zerbrochen. Das mag die Hoffnung beider sein, es besser als
ihre Eltern zu machen und sich ein Leben lang treu zu bleiben.
Dieser Traum ist durch den Vorfall für immer zerbrochen und
die Hoffnung darauf, so etwas zu schaffen, für immer gestor-
ben. Jetzt geht der Beziehung womöglich die Kraft aus, sie
stirbt mit ihrem Mythos. Eine auf dem Mythos der christlichen
Ehe beruhende Beziehung könnte enden, sobald ein Partner
seinen Glauben verliert.

Natürlich muss das alles nicht so sein, vor allem, da sich
Beziehungen selten auf eine einzige Beziehungsgrundlage stüt-
zen. Aber es kann durchaus sein, dass sich eine Beziehung
nicht mehr halten kann, wenn ihre wichtigste Grundlage verloren geht. Da nutzt es auch nichts, wenn Experten einwenden,
die Partner hätten sich »nicht wirklich« geliebt, sondern bloß
als Bedürftige, sie hätten eine Vater/Kind- oder Mutter/Kind-
Beziehung geführt, sie hätten sich einander nicht »ganz« hin-
gegeben.

Das Ende einer Beziehung kann auch über die Verbindungen, die Rollen und den Zustand der Beziehung erklärt werden. Dann kommt es zur Trennung, weil sich die Bänder zwischen den Partnern aufgelöst haben oder die Partner über die ihnen von der Beziehung zugewiesenen Rollen hinausgewachsen sind, oder weil der Zustand der Beziehung unerträglich geworden ist.

Nur wenige Paare können solche Entwicklungen realisieren und klar und deutlich sagen: »Lass uns die Beziehung beenden, es ist vorbei.« Mittels bewusster Entscheidung aus einem Beziehungsdreieck herauszukommen, ist gar nicht so einfach; starke Identifikationen mit der Beziehung spielen dabei eine Rolle sowie die Schmerzen und Desillusionierungen, die mit dem Ende einhergehen. Sich »im Guten« zu trennen kann einfach zu schwer sein. Dann halten Paare am Gewohnten und ihren Hoffnungen fest, bis unbewusst angesammelte Gefühle für einen Ausweg sorgen.

Streit kann dabei helfen, sich voneinander zu lösen. Dann geht es auf eine Trennung im »Bösen« zu. Eine »böse« Trennung hat einerseits den Vorteil, dass sie die Trennung selbst dann möglich macht, wenn man bewusst an der Beziehung festhält, und andererseits den Nachteil, dass die Partner einander die Schuld daran zuschieben.

Wie soll man eine Trennung im Streit werten? Allzu schnell hört man Experten sagen: »Wäret ihr doch nur rechtzeitig zur Paartherapie gekommen, dann hätte sich eure Liebe erhalten lassen.« Doch warum eine Liebe sich auflöst, das lässt sich nicht wirklich ergründen. Natürlich geraten die Partner in Konflikte miteinander, und natürlich wird ihre Beziehung darin beschädigt oder zerstört. Aber was steht dahinter?

Stirbt die Liebe, weil es Konflikte gibt, oder gibt es Konflikte, weil die Liebe stirbt?

Ich meine, dass oft das Letztere zutrifft. Zu der Erkenntnis, dass die Beziehung nicht mehr tragfähig war, kommen die Partner manchmal erst nach Jahren, wenn sich der emotionale Aufruhr gelegt hat und die Trennung verkraftet ist.

Wie auch immer eine Trennung geschieht, ob im Guten oder im Bösen, sie kommt nicht plötzlich. Auch wenn dieser Eindruck entstehen mag, so hat unbewusst und unbemerkt schon lange ein innerer Konflikt um die Beziehung bestanden. Vieles sprach für das Zusammenbleiben, vieles dagegen, und es hat seine Zeit gebraucht. Trennung ist, wie das Zusammenkommen auch, keine bewusste Entscheidung, sondern ein vorwiegend unbewusst ablaufender Prozess, dem Partner lediglich irgendwann bewusst zustimmen können. Trennung bedarf, wie alle wichtigen Entscheidungen des Lebens, einer inneren Deckung.

Um möglichen Einwänden zum Thema Trennung zu begegnen, möchte ich eines betonen. Mir ist noch kein Paar begegnet, das sich leichtfertig trennte. Trennung ist immer schwer, aber sie stellt auch ein Stück Freiheit dar, das Partnern heute zur Verfügung steht und durch das ihnen auf der anderen Seite viel Leid erspart bleibt. Menschen können sich heute ganz real zwischen den Polen Bindung und Freiheit bewegen, und sie nutzen diese Möglichkeit zunehmend.

WIE BEZIEHUNGEN SICH
SELBST STEUERN

Mit diesem Buch rege ich dazu an, Beziehungen unabhängig
von solchen aus der Paartherapie stammenden Konzepten zu
betrachten. Dazu beschreibe ich Beziehungen als willentlich
nicht steuerbar, betone aber zugleich, dass Partner sich durchaus mit ihrer Beziehung auseinander setzen können. Lassen Sie
mich an dieser Stelle nochmals einige beispielhafte Aussagen
von Beziehungsexperten aufgreifen.

Die entscheidende Frage ist aber, ob die faktische Macht des Alltäglichen einem Paar die Grenzen setzen kann oder ob das Paar
die Gewöhnung immer wieder zu durchbrechen vermag. Letzteres
gelingt (...), wenn zwei Menschen zureichend Spielfähigkeit,
Fantasie, Humor und die Bereitschaft zur Abwechslung in allen
Lebensbereichen eignet.[130]

»Leidenschaft auf Dauer – das ist die größte Herausforderung
für die Liebenden« (meint der Autor und spricht daher von der)
»Notwendigkeit zur permanenten Revolution.«[131]

In solchen Aussagen werden Partner aufgefordert, ihre Beziehung auch insofern zu steuern, dass sie deren Erneuerung
und Veränderung absichtlich einleiten, beinah so, als ob Beziehungen technische Einrichtungen mit Inspektions- und Pfle-
geintervallen wären. Niemand wird bestreiten, dass Beziehungen, sollen sie lebendig bleiben, der Erneuerung bedürfen.
Ich meine jedoch, dass Beziehungen selbst für nötige Kor-
rekturen und Erneuerungen sorgen. Ich meine, dass Beziehungen sich gewissermaßen selbst regulieren. Diese Selbstre-

gulierung geschieht durch nicht kontrollierbares Verhalten
der Partner.

*Die Selbststeuerung einer Beziehung geschieht, indem unbe-
wusst motivierte Verhaltensweisen das Alltagsleben des Paares
stören.*

Halten wir uns noch einmal das Bild der Beziehung als eigenständigem Wesen vor Augen.

Die Grafik zeigt, dass eine Beziehung vorwiegend im Unbewussten angesiedelt ist und das, was Partner tun, überwiegend
von diesem Bereich aus gesteuert wird. Passt ein solches Verhalten nicht zu den bewussten Absichten der Partner, löst es
Probleme und Krisen im Bewusstsein aus. Durch diese Krisen
und die darin stattfindenden Auseinandersetzungen werden
schließlich Einstellungen und Verhaltensweisen geändert, und
zwar so umfassend, dass die Veränderung anschließend im
Bewusstsein verankert ist.

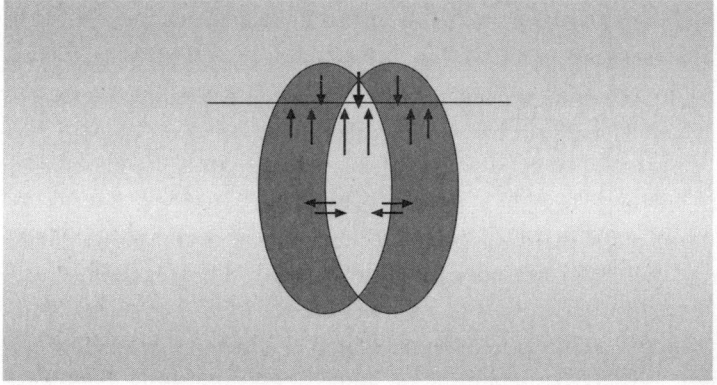

Die Abbildung zeigt vier verschiedene Bindungen der Partner aneinander. Eine befindet sich oberhalb der Bewusstseinslinie, die drei anderen
unterhalb, d. h. die Partner sind sich ihrer Beschaffenheit nicht oder nur
teilweise bewusst.

Die Dynamik der Selbststeuerung von Beziehungen ist demnach eine Krisendynamik, wie ich sie in Bezug auf das Individuum in Teil 2, Abschnitt »Kann ein Mensch sich selbst steuern?«, beschrieben habe.

Das Boot Beziehung befindet sich auf Kurs, der Wind greift sanft in Segel, die Partner stehen am Steuer, alles läuft wie erwünscht. Die Partner fühlen sich sicher und sind zuversichtlich. Dass sich im Laufe der Reise die Strömung ändert, der Wind dreht, das Ruder aus dem Leim geht – diese und andere Veränderungen werden nicht gern und schon gar nicht sogleich wahrgenommen. Alles halb so schlimm. Doch irgendwann ist die Abweichung vom erwünschten oder geplanten Kurs nicht mehr zu übersehen, und damit kommt die Erkenntnis: Hilfe, wir entwickeln uns in eine ganz andere Richtung, als wir es beabsichtigt haben!

Diese Richtung ergibt sich, um es nochmals zu betonen, weder zufällig noch willkürlich, auch wenn das dem Bewusstsein so erscheint. Sie ist vielmehr auf unbewusste Motive und Entwicklungen zurückzuführen, durch welche die Partner zu bestimmten Wahrnehmungen, Gefühlen, Gedanken und Handlungen bewegt werden. Das eigene und das gemeinsame Unbewusste greifen in die Vorgänge ein und schaffen Ergebnisse, die seltener Freude und Überraschung (falls man sich nicht gerade verliebt hat), sondern meist Erschrecken und – in vielen Fällen Krisen auslösen.

Ein Paar glaubt beispielsweise, keine Geheimnisse voreinander zu haben, und muss schließlich entsetzt das Gegenteil feststellen, weil einer den anderen anlügt. Ein Paar wähnt sich in Harmonie miteinander, aber dann geraten sie allmählich und unmerklich in Unfrieden. Ein Paar glaubt, ähnliche Lebensziele zu verfolgen, aber dann kristallisieren sich erhebliche Unterschiede heraus. So etwas kann schleichend kommen oder auch plötzlich. Etwas hat sich verändert, ist unbemerkt geblieben und bildet sich nun in unerklärlichem Verhalten ab, von dem sich das Bewusstsein erst einmal überrascht zeigt.

Eine Beziehung weist demnach durch Überraschung, Chaos und Krise, durch Erstaunen, Schock und Leid auf eine ungeplante Entwicklung und damit auf einen Veränderungsbedarf im Umgang mit ihr hin. Ulrich Clement beschreibt diese Vorgänge mit den Worten:

(...) dass auch Paarsysteme dem Trägheitsgesetz gehorchen, demzufolge eingespielte bekannte Verhaltensmuster so lange beibehalten werden, wie sie überlebensfähig sind. Anders ausgedrückt: Paare entwickeln sich nicht, weil sie wollen, sondern weil sie müssen.[132]

Der Grundsatz, dass bedeutende Veränderungen krisenhaft eingeleitet werden, gilt für Individuen und Beziehungen gleichermaßen. Der nun möglicherweise hervorgebrachte Einwand, es käme für Partner darauf an, aktiv in solche Entwicklungen einzugreifen und Informationen auszutauschen, bevor Spannungen, Chaos oder Krisen entstehen, dieser Einwand greift nicht. Wie erläutert geschehen die Dinge bereits, lange bevor sie bewusst wahrnehmbar sind. Überschreiten sie schließlich die Bewusstseinsschwelle, sind sie schon geschehen. Die Vorstellung, man könne Entwicklungen so rechtzeitig wahrnehmen und mitteilen, dass Krisen vermeidbar würden, macht keinen Sinn. Eine Krise dagegen schon. Eine Krise macht, obwohl sie schmerzhaft erlebt wird, positive Entwicklungen möglich: Indem sie die Wahrnehmung der Partner auf bestimmte, bisher nicht wahrgenommene Punkte und Entwicklungen lenkt, führt sie Veränderungen und Erneuerungen herbei. Deshalb meine ich:

Beziehungskrisen sind unvermeidlich und notwendig. Sie sind der wirkungsvollste Mechanismus zur Regulation von Beziehungen.

Streit, Gefühlsausbrüche, Seitensprünge, Distanz, unkontrollierbares Verhalten eines oder beider Partner – all das kann als

Aufforderung verstanden werden, abweichende Entwicklungen der Beziehung zu realisieren und darauf zu antworten. Man könnte es auch anders ausdrücken: Selbstregulation in Beziehungen geschieht, indem Paare Ärger mit dem gemeinsamen Unbewussten bekommen. Dann ist es an der Zeit, etwas zu realisieren, sich der Beziehung zuzuwenden, sich mit ihr auseinander zu setzen und gegebenenfalls sein Verhalten der Beziehung gegenüber zu ändern.

KRISEN TRANSPORTIEREN HINWEISE ZUM UMGANG MIT IHNEN

Welche Art von Veränderung jetzt anliegt, dazu braucht es keine Anleitungen und Konzepte zur Beziehungsgestaltung. Es ist nämlich in den Informationen enthalten, die das bisherige Gleichgewicht stören. Es verbirgt sich in den auftauchenden Sehnsüchten, Gefühlen, körperlichen Reaktionen und dem anderen unkontrollierbaren Verhalten der Partner.

Das kann gar nicht anders sein. Weil Krisen durch Informationen aus dem Nichtwissen ausgelöst werden, enthalten sie automatisch Hinweise zum Umgang mit der Situation. Dieser Umgang erfordert nämlich meist, die jetzt ins Bewusstsein gelangte Information anzuerkennen und Wege zu ihrer Integration in die Beziehung zu finden. Lassen Sie mich das anhand einiger Beispiele erläutern.

Ein Mann hat seine Frau geohrfeigt. Er ist erschrocken, sie empört. Zwar gab es schon längere Zeit Konflikte, weil er sich bedrängt und sie sich vernachlässigt fühlte, aber so etwas war in 14 Ehejahren nicht vorgekommen. Was war geschehen? Die Frau stellte sich ihrem Mann, als er eines Abends aus dem Haus gehen wollte, in den Weg und nahm blitzschnell seinen Autoschlüssel an sich. Daraufhin rutscht ihm die Hand aus. Beide Partner zeigten in ihrem unkontrollierten Verhalten Kampfsignale, und dahinter steckt Sinn. Man kann vermuten, die Beziehung sei derart unklar, dass sie die Partner zum Kampf auffordert und gegeneinander antreten lässt, mit dem Ziel, Klarheit zu schaffen. In dieser Beziehung steht eine Auseinandersetzung an, um über die jeweiligen Erwartungen der Partner Klarheit zu gewinnen. Die Partner sollten sich nun nicht einfach wieder vertragen, auch nicht gegenseitig verurteilen und auch keine reuevolle Harmonie an den Tag legen, sie sollten vielmehr kämpfen und einander »Gegner« sein. Der Machtkampf sollte geführt werden, allerdings nicht auf körperlicher Ebene. Schlüsselklau und Ohrfeige waren kein Verhaltensfehler, sondern Auslöser für eine längst fällige Auseinandersetzung.

Eine Frau geht zu einem Tanzkurs, ohne besondere Absichten, aus reiner Lust an der Bewegung. Dort kommt sie einem Mann körperlich nahe – es ist ein Tangokurs – und verliebt sich unerwartet. Der Vorfall verwirrt sie und löst Ängste bezüglich ihrer Beziehung aus. Sie lässt sich zwar nicht auf eine Affäre ein, erzählt ihrem Mann aber von diesen Gefühlen. Beide sind betroffen und realisieren in langen Gesprächen, dass intensive Sinnlichkeit in ihrer Beziehung kaum noch vorkommt und dass beide körperliche Nähe und erotisches Erleben vermissen. Das unkontrollierbare Verhalten (sich zu verlieben) hat den Hinweis hierauf gegeben. Die Verliebtheit war kein Fehler, sondern enthielt einen nicht zu ignorierenden Hinweis auf unerfüllte Bedürfnisse und die Aufforderung, sich diesen zuzuwenden. Nun geht es für die beiden darum, mit den entdeckten Sehnsüchten umzugehen.

Ein Mann verliebt sich und geht fremd. Er begründet das gegenüber seiner Ehefrau mit den Worten: »Ich bin ihr so nahe gekommen, weil ich mit dieser Frau über alles reden kann.« Nun bricht ein Streit aus, in dem er seiner Ehefrau vorwirft, was alles er für sie hätte aufgeben müssen, seine Freunde, seinen Wohnort, seine Interessen. Empört fügt er hinzu: »Sogar im Bett musste ich dich immer auf Händen tragen.« Der Mann fängt nun an, über seine unerfüllten Bedürfnisse zu sprechen.

Seine Frau ist betroffen und spricht über den Schmerz, den die Ereignisse ihr bereiten. Durch diese Mitteilungen – seine Bedürfnisse und ihr Schmerz stellen für beide Partner neue Informationen dar – entsteht eine gemeinsame Trauer und damit verbunden Nähe. Daraufhin fällt den Partnern auf, dass beide in ihrer Beziehung Tiefe vermissen. Ohne den Seitensprung wäre diese Erkenntnis kaum möglich geworden. Das Fremdgehen war kein Unfall, sondern ein wichtiges Ereignis.

Eine Lehrerin verliebt sich nach 15 Jahren Ehe. Sie beschreibt ihr Erleben als einen Bruch von Dämmen und als Überfließen, gegen das sie nicht ankommt. Im Gegenteil, sie genießt es, von den starken Gefühlen mitgenommen zu werden und sich auf dieser emotionalen Welle treiben zu lassen. Durch die Verliebtheit, betont sie, sei sie gegenüber ihrem Mann stärker geworden. Sie fühle sich nun auch materiell unabhängiger und könne sich zum ersten Mal vorstellen, nicht mehr im gemeinsamen Haus, sondern in einer eigenen Wohnung zu leben. Sie sagt: »Alles, worin ich mich so viele Jahre gefangen fühlte, sehe ich jetzt lockerer.« Diese Frau hatte ihre Beziehung als eng und sich darin als abhängig erlebt, aber unbewusst war die Sehnsucht nach mehr Weite und Unabhängigkeit ständig vorhanden. Diese Sehnsucht hat sie in die Affäre getrieben. Hätte sie die neue Unabhängigkeit von ihrem Mann auch anders finden können? Wohl kaum, dazu fehlte ihr die Kraft, die sie erst aus der Verliebtheit schöpfen konnte. Man könnte sagen, die Beziehung hat ganz von selbst für die nötige Unabhängigkeit gesorgt. Daran, dass sie sich verliebte, war auch ihr Mann beteiligt, beispielsweise, indem er für Enge und Abhängigkeit mitverantwortlich war.

Aus diesen Beispielen kann man unschwer erkennen, dass Konflikte, Streit und gerade auch Affären durchaus Sinn und Funktion haben. Die durch kleine oder große Krisen transportierten Informationen, die durch sie erzwungene Aufmerksamkeit und die durch sie herbeigeführten Verhaltensänderungen sind aufgrund bewusster Anstrengung allein nämlich gar nicht zu erreichen.

Selbstregulation passiert, indem Nichtwissen zu Wissen wird und die Lage verändert, oftmals dramatisch. An dieser Dynamik und den aus ihr folgenden Krisen werden weder Strategieempfehlungen zur Beziehungspflege noch Paartherapie etwas ändern. Allerdings kann Therapie sehr effektiv dabei helfen, die in Krisen deutlich gewordenen Informationen zu verstehen und alternatives Verhalten zu entwickeln.

PARTNER KÖNNEN ETWAS TUN

Eine Beziehung weder als vorhersehbar noch als lenkbar zu betrachten und ihr Eigenständigkeit und Selbstregulationsfähigkeit einzuräumen, ruft massive Einwände von Seiten der Kritiker dieser Sichtweise hervor. Damit würde Determinismus gepredigt, Handlungsmöglichkeiten der Partner würden geleugnet, Passivität würde gefördert usw.

Eine solche Haltung liegt mir jedoch fern, sie ergibt sich auch nicht notwendig, wenn man an die relative Unabhängigkeit von Beziehungen glaubt. Denn Partner sind ihrer Beziehung nicht hilflos ausgeliefert. Sie können durchaus etwas tun. Sie können sich der Beziehung zuwenden, sich von ihr abwenden, sie anzweifeln, sie anerkennen, sie angreifen, sie schonen, über sie sprechen, mit ihr experimentieren und anderes mehr.

Zwar lässt sich in komplexen Systemen Veränderung nicht zielgerichtet bewirken, dennoch wird sich jede neue Information auf das Verhalten der Partner und dieses wiederum auf die Beziehung auswirken. Jede neue Information wird das System in Bewegung versetzen. Zu den Möglichkeiten, neue Informationen zu gewinnen, gehört die in diesem Buch geschilderte Kommunikation über die Beziehung als eigenständiges Wesen.

Partner können etwas tun, sind dazu allerdings auf eine starke Motivation angewiesen. Denn jede grundlegende Ver-

haltensänderung kostet Mut und Ausdauer; und wie die Hirn-
forschung sagt, lassen sich Menschen auf den »Kraftakt Verän-
derung« nur ein, wenn das erwartete Ergebnis den erforderlichen
Aufwand rechtfertigt. Eine angestrebte Veränderung muss die
Mühe wert sein, sie muss lohnend erscheinen, es muss viel
Motivation dazu vorhanden sein, sonst packt niemand das
Projekt Verhaltensänderung an.

Diese Motivation kann nicht per Entscheidung hergestellt
werden. Sie entsteht im Schatten von Spannung, Frust und
Leid. Geht es den Partnern gut mit ihrer Beziehung, sehen sie
nämlich überhaupt keinen Grund, sich ihr bewusst zu widmen,
sie genießen sie einfach. Daher braucht es oft den Schock einer
massiven Beziehungskrise, um die Aufmerksamkeit der Partner
auf die Beziehung und deren Entwicklung zu lenken. Die Partner müssen mit ihrem Latein am Ende sein, und sie müssen die
Beziehung erhalten wollen, erst dann sind sie zu Veränderungen bereit.

Solche in Krisen enthaltenen Veränderungsmöglichkeiten
werden den Partnern allerdings nicht als einfache Aha-Erleb-
nisse präsentiert. Meist werden sie durch unkontrollierbares
Verhalten in eine veränderte Identität versetzt, was ihnen neue
Erfahrungen zugänglich macht. Aus der zurückhaltenden Frau
wird durch den Seitensprung eine selbstbewusste Frau. Aus
dem nachgiebigen Ehemann wird durch die Ohrfeige ein sich
behauptender Ehemann. Aus der Angestellten wird eine sinnliche Tangotänzerin.

Wer Hinweise in rätselhaften, nicht kontrollierbaren Ereig-
nissen entdecken will, kann sich neben den schon erwähnten
Möglichkeiten, die Beziehung zu entdecken, noch weitere Fragen beantworten. Diese lauten beispielsweise:

– Was ist Unkontrollierbares geschehen, oder geschieht noch?
– Was sind faszinierende Merkmale dieser Entwicklung?
– Welche anderen Aspekte deiner/meiner Persönlichkeit kommen
   darin zum Vorschein?

- In wen verwandelt die Entwicklung dich/mich?
- Wer werde ich/wirst du?
- Was ist vorbei?
- Was fängt an?

Indem man die Hinweise, die sich in solchen Krisen äußern, aufgreift, kann man die Beziehung zwar nicht steuern, aber im Rahmen seiner Fähigkeiten zu ihrer Entwicklung beitragen. Das bedeutet aber nicht, dass in der Folge die Wünsche der Partner erfüllt werden.

Die Wahrscheinlichkeit, dass sich eine Beziehung an den Wünschen der Partner ausrichtet, ist dabei geringer als die Wahrscheinlichkeit, dass die Partner in Übereinstimmung mit der (veränderten) Beziehung gelangen. Doch auch eine veränderte Beziehung kann eine gute Beziehung sein, wenn die Partner der Veränderung zustimmen, wenn sie zu dem Schluss kommen, dass sie über Wert verfügt. Das Ergebnis ist insofern dasselbe, als die drei Beteiligten (die beiden Partner und die Beziehung) wieder gut, zufrieden oder sogar glücklich miteinander leben können.

Anders ausgedrückt: Es besteht eine mögliche Lösung für Partner darin, das miteinander zu leben, was sie miteinander haben. Das ist Thema des nächsten Abschnitts.

MITEINANDER LEBEN, WAS MAN MITEINANDER HAT

Susanne Gaschke:
Die Hoffnungslosigkeit der modernen Liebe liegt in der Erwartung, dass ein Mensch dem jeweils anderen allein die Welt sein könne.[133]

Das obige Zitat weist auf die Folgen der Idealisierung von Beziehungen hin. Idealisierung überfordert und macht hoffnungslos. Wir begegnen ihr auch und gerade bei Experten:

Bewusst Liebende achten aufeinander, ehren und würdigen einander, loben und preisen sich gegenseitig, sie verzeihen einander und gestehen sich gegenseitig Fehler ein. Sie sorgen füreinander und kümmern sich umeinander. Sie sind sich dankbar und sprechen gut voneinander, auch wenn sie durchaus Fehler beim anderen erkennen. Sie stehen zueinander und bekennen sich zum anderen. Sie sind konzentriert aufeinander, hören sich zu und sind aneinander engagiert, sich gegenseitig zu verstehen. Sie schenken sich Zärtlichkeit und Lust, verschmelzen ihre Seelen, Herzen und Körper und vertrauen sich einander an. (...) Lieben im Rausch der Sinne, in der Ekstase der Gefühle, in der Wärme der Herzen, in der Leidenschaft der Körper und im Verschmelzen der Seelen: In dieser Himmelskraft liegt – trotz aller Gewitterstürme und Durststrecken im Garten Eden – das Paradies auf Erden.[134]

Machen wir Schluss mit solchen Idealisierungen, auch wenn sie in den meisten Fällen weniger krass formuliert sind, und ersparen wir es uns, therapeutische Konzepte zum Aufbau wunschgerechter Beziehungen umsetzen zu wollen. Werfen wir

die Idee, Beziehungen kontrollieren zu können, über Bord. Diese
Idee ist, wie Arnold Retzer es betont, eine leidvolle Idee:

Ein Partner/eine Partnerin ist nun mal nur schwer zu kontrollieren,
die Beziehung selbst natürlich noch schwerer. Diese Idee der
Kontrolle in Frage zu stellen und aufzugeben könnte eine der
Funktionen von Paartherapeuten sein, denn mit dieser Idee ist
meist viel Leid und Kummer verbunden.[135]

Mit der Idee, Beziehungen lenken zu können, löst sich auch die
Vorstellung auf, alles von einem Menschen haben zu können.
Susanne Gaschke hat Recht, wenn sie sagt, die Hoffnungslosigkeit der modernen Liebe liege in der Erwartung, dass ein Partner dem anderen allein die Welt sein könne. So etwas ist unter
heutigen Umständen kaum mehr realisierbar. Der eine mag dem
anderen Partner sein, Begleiter, Liebhaber oder etwas anderes,
aber nicht alleiniger Garant seines Glücks.

LIEBE UND INDIVIDUUM

Partner sind heute mit anderen Herausforderungen konfrontiert.
Die größte gegenwärtige Aufgabe der Partner besteht meines
Erachtens darin, sowohl Liebe als auch Autonomie zu leben.
Das mag grundsätzlich nicht neu erscheinen, jedoch darf man
nicht vergessen, dass Autonomie auf der Grundlage der mate-
riellen Unabhängigkeit der Partner, wie sie heute verwirklicht
ist, etwas völlig Neues darstellt.

Das Bedürfnis nach Liebe scheint therapeutisch allgemein
akzeptiert zu sein, auf das Bedürfnis nach Autonomie wird
meist nur eingegangen, um die umfassende Dauerbeziehung
zu retten. Der neue Stellenwert der Unabhängigkeit zeigt sich
aber schon darin, dass Beziehungen heute leichter eingegangen und schneller beendet werden, als das noch vor wenigen
Jahrzehnten der Fall war. Partner entwickeln, wie Untersu-

chungen aus dem Jahr 2003 ergaben, eine zunehmende Beziehungsmobilität:

Die Heiratsneigung nimmt ab. Die Wahrscheinlichkeit eines jungen Erwachsenen, mindestens einmal in seinem Leben zu heiraten, beträgt heute in Deutschland nur noch 60 Prozent gegenüber 90 Prozent in den 1960ern. (Die Wahrscheinlichkeit von Mehrfachehen nimmt dagegen zu.) (...) Ehen sind instabiler geworden. In den letzten 40 Jahren hat sich die Scheidungswahrscheinlichkeit verdreifacht. Die Scheidungswahrscheinlichkeit einer heute geschlossenen Ehe liegt bei knapp 40 Prozent (gegenüber 13 Prozent in den 1960ern). Da Scheidung nur eine Form der Trennung ist und es über die Trennungsquoten »inoffizieller« Beziehungen keine amtliche Statistik gibt, unterschätzen die Scheidungsstatistiken die Mobilität heutiger Beziehungen beträchtlich.[136]

Wenn Therapeuten und andere Experten diese moderne Beziehungsmobilität auf einen Mangel an »entschlossener Zeitinvestition«, auf ungenügende »Arbeit an der Beziehung« oder »Beziehungsunfähigkeit« zurückführen, sind das vorwiegend Symptome, nicht Ursachen. Da wird ein Wandel bedauert, der aufgrund veränderter gesellschaftlicher und ökonomischer Grundlagen eingetreten ist. Dabei war es immer die Ökonomie, welche den Rahmen für menschliche Beziehungen setzte. Sie erklärt, warum in manchen Kulturen Vielweiberei und in anderen Vielmännerei vorkam. Sie erklärt Treueforderungen und Eifersuchtsgefühle. Die Ökonomie erklärt auch das Bedürfnis heutiger Partner nach größerer Autonomie, nach mehr Unabhängigkeit in Beziehungen und von Beziehungen.

Der wachsende Stellenwert der Autonomie in Beziehungen wird von wissenschaftlicher Seite her bestätigt:

In der Psychologie unterscheidet man zwischen »verschmelzenden« und »differenzierenden« Paaren. Während erstere sich in Wünschen und Interessen möglichst ähnlich sein und möglichst viel gemeinsam machen wollen, akzeptieren letztere ihre Unterschiedlichkeit und gestehen sich wechselseitig ein hohes Maß an Autonomie zu. Unsere Befunde legen den Schluss nahe, dass die »differenzierende« Beziehung für die meisten Frauen und Männer heute das praktikabelste oder bevorzugte Modell ist.[137]

Dahinter steckt weder ein Sittenverfall noch irgendein Fehlverhalten. Partner können sich diese Autonomie schlicht und einfach leisten. Sie sind nicht länger gezwungen, in unbefriedigenden Ehen und Beziehungen auszuharren; und sie sind auch nicht gezwungen, ihre symbiotische Verbindung tagtäglich neu zu inszenieren.

ZUKUNFTSAUSSICHTEN

Meiner Ansicht nach stellt das kaum mehr als 200 Jahre alte Ideal der allumfassenden Dauerbeziehung ein geschichtliches Übergangsphänomen dar, dem keine große Zukunft beschieden ist. Die Ehe als Produktionsgemeinschaft hat ausgedient. Ihrer neuen Aufgabe, die Lebensbegleitung sicherzustellen, kann sie kaum gerecht werden, solange erwartet wird, dass sie zudem alle Bedürfnisse nach leidenschaftlich/zärtlicher Liebe erfüllt. Wer die umfassende Beziehung fordert, das lehrt die Beobachtung gesellschaftlicher Realität, der muss die serielle Monogamie hinnehmen. Dann bieten Beziehungen tatsächlich alles, aber nur für kurze Zeit. Nach durchschnittlich drei bis fünf Jahren findet das Paradies sein Ende.

IN DIE ZUKUNFT ZURÜCKBLICKEN

Mit der Frage konfrontiert, wie sich in Zukunft die Bedürfnisse nach Lebensbegleitung und leidenschaftlich/zärtlicher Liebe in Einklang bringen lassen, lohnt ein Blick zurück in die Vergan-

genheit. Man muss allerdings weit zurückgehen, in einen geschichtlichen Zeitraum, in dem Liebe schon einmal frei von
materieller Abhängigkeit vorkam. Ich meine damit jene Phase,
in der Gesellschaften matrilinear organisiert waren.

In dieser Organisationsform gehörten die Kinder einer Frau
zu ihrer Sippe. Ihre Erziehung und Versorgung fand im mütter-
lichen Clan statt. Liebespartner konnten auf diese Weise zusammen sein und auseinander gehen, ohne materiell und sozial
gefährdet zu sein, denn eine materielle Abhängigkeit der Frau
vom Mann bestand nicht.

Solche Lebensformen gibt es sogar heute noch. Dr. Carola
Meier-Seethaler berichtet von einem Kongress in Luxemburg:

(...) wo eine Ethnologin und ein Ethnologe über die heute noch
bestehende Besuchsehe im Südwesten Chinas berichteten. Dort
wird die lebenslange Geborgenheit für Töchter und Söhne in der
matrilinearen Sippe garantiert. Die Männer suchen über Nacht
ihre Partnerinnen in anderen Sippenhäusern auf, und diese
Liebesverhältnisse dauern ganz verschieden lang. So, wie es der
Liebe gefällt. [138]

So, wie es der Liebe gefällt. An anderer Stelle beschreibt Meier-
Seethaler, dass bei der Besuchsehe Ehegatten keinen Anspruch
auf den ausschließlichen Sexualkontakt mit dem Partner haben
und die Frauen oft über zwei oder drei offizielle Ehemänner
verfügen, die ihrerseits die Freiheit haben, mehrere Frauen zu
besuchen.[139]

Bedingungen, die der Liebe Raum geben, scheinen aufgrund
der ökonomischen Verhältnisse allmählich wieder zu entstehen.
Deshalb stellt sich Carola Meier-Seethaler für die Zukunft der
Paarbeziehung etwas der Besuchsehe Vergleichbares vor.

Ich persönlich glaube sogar, dass zwischen ebenbürtigen Partnern
eine lebenslange Bindung möglich ist, wenn sie sich gegenseitig

gewisse Freiheiten lassen und bereichernde Nebenbeziehungen
nicht ausschließen. (Dazu bedürfte es) einer Kultivierung der
Form, wenn bei unserer heutigen hohen Lebenserwartung das
Ideal der Monogamie kaum mehr haltbar ist. (...) Auf diese
Weise könnte eine bereichernde Liebeserfahrung zu einer Art
Kunstwerk werden, indem sie Fassung und Form erhält. Aber
auch dazu gibt es nicht allgemeine Richtlinien, sondern dieses
Bonmot müssten sich die Menschen auch immer wieder indi-
viduell erarbeiten.[140]

Dem Bedürfnis nach einer Liebesbeziehung wäre auf diese Weise
Rechnung getragen. Die Lebensbegleitung könne, so Meier-Seethaler, da wir die verwandtschaftliche Einbindung in die Sippe
verloren haben, nur ein enger Kreis echter Freunde bieten, die
Menschen über die unvermeidlichen Enttäuschungen des Lebens hinweg in Balance hielten.

Nebenbeziehungen, die auf von den jeweiligen Partnern
definierten Regeln beruhen, sowie distanzierte Beziehungen
gehören tatsächlich zu den hauptsächlichen aktuellen Bemühungen, mit denen Partner sich einerseits Lebensbegleitung
und andererseits leidenschaftlich/zärtliche Liebe zugänglich machen wollen. Sie stellen Alternativen zur ausschließlichen und
zur seriellen Beziehungsform dar.

Ich meine, dass Menschen zukünftig weit mehr auf die Bedingungen emotionaler Liebe eingehen werden als auf die Bedingungen der Dauerpartnerschaft. Im Zuge dieser Entwicklung werden ihre Beziehungen einerseits zwar eng bleiben,
andererseits aber distanzierter werden, weil die Liebe der Individualisten die Unabhängigkeit ebenso dringend braucht wie
die Symbiose.

Interessant ist in diesem Zusammenhang eine Äußerung der
Psychoanalytikerin Eva Jaeggi. In einer Talkshow zum Thema
»Liebe in der zweiten Lebenshälfte«[141] berichtete sie, im Alter
eine neue Liebe gefunden zu haben. Sie wolle mit dem Mann

jedoch nicht zusammenziehen, sondern in getrennten Wohnungen leben. Sonst würde zuviel Reibung im Alltag entstehen, meinte sie und fügte wörtlich hinzu: »Man muss sich ja nicht das Leben unbedingt schwer machen.«

Das betont die Frau, die etliche Jahre zuvor geschrieben hat: »Liebe besteht darin, dass die Partner miteinander ein Universum aufbauen, welches nicht nur ihre alltäglichen Handlungen speist, sondern eine Sinnkonstruktion für ihr gemeinsames Leben darstellt.« Im Alter scheint sie auf alltägliche Handlungen verzichten zu können und dennoch die Liebe zu wollen. Was zeichnet diese Liebe in der zweiten Lebenshälfte aus? Neben dem Bedürfnis nach Verbundenheit das Bedürfnis nach Autonomie und die reale materielle Unabhängigkeit der Partner.

Die Liebe der Zukunft wird im Zusammenhang mit einem wachsenden Bedürfnis nach Selbstverwirklichung stattfinden und das wird, trotz der Unkenrufe zahlreicher Experten, keineswegs das Ende der Liebe bedeuten. Unabhängig von Expertenempfehlungen sind Millionen Paare dabei und werden damit fortfahren, die Liebe auf dem Hintergrund von Unabhängigkeit weiterzuentwickeln. Ein Leser meiner Bücher schrieb mir, er fasse gerade in einem Buch seine Erfahrungen aus 28-jähriger Ehe zusammen. Der Titel sollte lauten »Ich selbst sein und nicht nur wir«. Das war dem Mann, nach 28 Jahren Ehe, offensichtlich ein Bedürfnis.

DIE UNABHÄNGIGKEIT DER BEZIEHUNG

Mit der von mir angeregten Sichtweise einer Beziehung als eigenständigem Wesen möchte ich diese Entwicklung unterstützen. Diese Perspektive rückt das Thema Unabhängigkeit näher ins Blickfeld der Partner, schon allein dadurch, dass die Beziehung selbst als autonomes Wesen betrachtet wird. Wer diese Sichtweise einnimmt, vermag möglicherweise folgende Überzeugungen nachzuvollziehen:

- Wir können unsere Beziehung nicht kontrollieren. Weder können wir exakt bestimmen, worauf sie beruht, noch im Detail erfassen, was uns miteinander verbindet. Unter diesen Umständen ist es meist erstaunlich, wie viel wir miteinander teilen.
- Wir können auch die zukünftige Entwicklung unserer Beziehung nicht vorhersehen oder festlegen. Die Beziehung wird uns selbst auf ihre Entwicklung und den Veränderungsbedarf im Umgang mit ihr hinweisen, notfalls durch Konflikte und Krisen.
- Im Durchleben dieser Krisen können wir herausfinden, welche gemeinsamen Entwicklungen und Veränderungen uns möglich sind und wo die Grenzen unserer Bereitschaft liegen.
- Dann ist unsere Beziehung das, was wir beim besten Willen miteinander hinbekommen.
- Dieser Beziehung gegenüber können wir Stellung beziehen. Wir können ihren Wert erkennen und das miteinander leben, was wir miteinander haben, oder uns gegen die Beziehung entscheiden.

Das miteinander zu leben, was Partner beim besten Willen miteinander hinbekommen, bedeutet, sich sowohl an den eigenen Wünschen und Sehnsüchten als auch an den eigenen Möglichkeiten zu orientieren.

Was dabei herauskommt, mag nicht die Idealbeziehung aus Expertensicht sein, aber es ist das, worauf sich zwei Partner einigen und womit sie umgehen können. Miteinander zu leben, was man miteinander hat, ist nicht identisch damit, zu leben, was man miteinander haben möchte oder angeblich miteinander haben könnte.

Trotz aller Verbundenheit und Liebe sind Partner stets auch voneinander unabhängige Individuen. Sie sind zusammen, und sie sind allein. Beides ist wahr, und beides ist lebbar.

ANHANG

INTERVIEW MIT DR. ARNOLD RETZER

Arnold Retzer, Privatdozent, Dr. med., Dipl.-Psych, Studium der Medizin, Psychologie und Soziologie, Facharzt für Psychotherapeutische Medizin, systemischer Therapeut und Organisationsberater, Lehrtherapeut und 1. Vorsitzender der Internationalen Gesellschaft für systemische Therapie (IGST), Mitbegründer und geschäftsführender Gesellschafter des Zentrums für systemische Forschung und Beratung sowie Mitherausgeber der Zeitschrift »Familiendynamik«. Er verfaßte über 100 wissenschaftliche Artikel und sieben Bücher, Gastprofessuren und -dozenturen in Argentinien, Griechenland, Polen, der Schweiz, Österreich und der VR China. Aktuelle Buchpublikationen *Passagen – systemische Erkundungen* (Stuttgart 2002) und *Systemische Paartherapie* (Stuttgart 2004).[142]

Herr Dr. Retzer, angeblich gehört es zu den Geheimnissen erfolgreicher Paare, ihre Beziehung bewusst zu gestalten. Was fangen Sie mit dieser Vorstellung an?

Fangen wir am Anfang an: Was sind erfolgreiche Paare? Woran erkennt man sie? Was muss an denen beobachtet werden? Kann Erfolg überhaupt beobachtet werden und vor allem: Wer ist der Beobachter, der als maßgebende Messgröße für Erfolg auftreten darf? Der paartherapeutische Spezialist? Welcher therapeutischen Schule? Der Statistiker, der Liebhaber der großen Zahlen (Scheidung als [Miss]erfolg, Anzahl der Kinder als [Miss]erfolg, Anzahl von sexueller Begegnung im Monat als

[Miss]erfolg ...), oder kann es gar dem paartherapeutischen Laien, das heißt dem Paar selbst, überlassen werden, über Erfolg und Misserfolg seiner Paarbeziehung zu werten? Was aber, wenn die beiden Beteiligten an einer Paarbeziehung nicht zum gleichen Ergebnis kommen? Ist das dann Ausdruck eines erfolgreichen oder eines »misserfolgreichen« Paares.

Wenn nun aber schon das Kriterium von Erfolg und Misserfolg so schwer zu bestimmen ist, wie dann erst die Frage nach dem bewussten Gestalten. Kann man überhaupt etwas anderes tun als bewusst gestalten? Wenn man bewusstlos ist, gestaltet man dann überhaupt? Was ist die Alternative zum bewussten Gestalten, das bewusstlose oder gar das unbewusste Gestalten oder etwa gar das einfach nur Geschehenlassen?

Also mir graust ein wenig bei der Vorstellung, wenn Paare wieder beginnen bewusst zu gestalten und noch mehr, das als Bedingung des Erfolges zu sehen. Allerdings scheint es mir durchaus nicht abwegig, sich, wenn man als Beteiligter an einer Paarbeziehung mit dem einen oder anderen Phänomen nicht zufrieden ist, sich die Frage zu stellen, wie kann ich die Beziehung zu meinem Partner/meiner Partnerin anders gestalten, um diese mich störenden Phänomene vielleicht nicht mehr oder nicht mehr so oft auftreten zu lassen.

Zusammengefasst scheint es mir sinnvoll, bei der Beseitigung von Schwierigkeiten bewusst zu gestalten, weniger dagegen bei dem Versuch, den Erfolg herzustellen beziehungsweise zu sichern. Der Grund für diese Unterscheidung ist der, dass eine Analyse dessen, was ich tue, um ein Problem herzustellen, oftmals viel mehr Veränderungen ermöglicht als der Versuch, die Lösung bewusst herzustellen. Wenn ich weiß, wie ich das Problem herstellen und gestalten kann, kann ich durch einfaches Weg- oder Unterlassen das Problem nicht zustande bringen.

Beziehungen sollen von neurotischen Anteilen befreit werden, es sollen liegen gebliebene Entwicklungsaufgaben der Sozialisa-

*tion darin aufgenommen werden, Autonomie und Symbiose
sollen ins richtige Verhältnis gebracht werden mit dem Ziel,
eine konsolidierte Bindung zu erreichen. Das klingt nach tiefen-
psychologischer Schwerstarbeit.*

Das klingt vor allem danach, dass derjenige, der diese Aufgaben formuliert, Bescheid weiß und nun die anderen, die Unwis-
senden, aufzuklären hat. Was wäre denn eine Paarbeziehung
ohne neurotische Anteile? Schließlich haben wir doch alle unsere Vorstellungen von Paarbeziehung, die von irgendwoher
kommen, nur nicht aus der Paarbeziehung, auf die wir unsere
Vorstellungen richten. Vorstellungen, es genauso zu machen
wie Papa und Mama oder es gerade nicht so zu machen, wie
Papa und Mama es uns vorgemacht haben, es so zu machen,
wie man es in Märchen, im Kino oder sonst wo gesehen hat ...
Ohne solche Vorstellungen ließe sich wahrscheinlich ohnehin
niemand mehr auf eine Paarbeziehung ein.

*Ein Therapeut sagt: »Die Liebe in ihrer Vielfalt sucht zu ihrer
Entfaltung nach ganzheitlicher Erfüllung, nach der Vereinigung
von ›Kosmos und Abwasch‹. Die Liebe zu erlernen erfordert
daher von den Liebenden vielfältige Fähigkeiten, die alle menschlichen Dimensionen mit einbeziehen.« Was halten Sie von der
»Therapie der Liebe«. Kann man Liebe lehren und lernen?*

Ich halte die Idee des Lernens und der Lehrbarkeit für eine
massiv überschätzte Idee. Insbesondere überschätzt beziehungsweise missverstanden halte ich jedoch die Idee, die Liebe zu
erlernen. Dazu muss zunächst einmal geklärt sein, was denn
die Liebe überhaupt ist, beziehungsweise was man darunter
verstehen will. Ich habe in meinem letzten Buch *Systemische
Paartherapie* (Stuttgart 2004) die Liebe als einen Kommunika-
tionscode bezeichnet, mit dem eine bestimmte nach bestimmten Regeln organisierte Form einer Paarbeziehung sich konsti-

tuiert und operiert: die Liebesbeziehung. Diese lehren oder gar lernen zu wollen ist absurd. Eine Liebesbeziehung geschieht einem oder auch nicht, andernfalls ist sie keine Liebesbeziehung. Die Liebe muss man nicht lernen, das nimmt man sozusagen mit der Muttermilch auf, beziehungsweise sie wird einem durch das Fernsehen und vor allem durch das Kino wiederholt und aktualisiert vermittelt.

Erklärungsbedürftig ist also nicht die Frage, wie lernt man die Liebe, wie bekommt man eine Liebesbeziehung, sondern wie *ver*lernt man die Liebe, das heißt, wie kommt einem die Liebesbeziehung abhanden. Das sind nun wieder hochinteressante und, wie ich meine, hochtherapeutische Fragen. Also von der Frage, die Liebe lernen, zu der Frage, was geschieht, was tut man, damit einem die Liebe abhanden kommt beziehungsweise man etwas anderes an seine Stelle treten lässt.

Lässt sich die Entwicklung einer Beziehung Ihrer Ansicht nach so kontrollieren, dass sie den Wünschen der Partner entspricht?

Kontrollieren ist ja gegenwärtig ein hoher Wert. Wahrscheinlich deshalb, weil Sicherheit immer weniger zu haben ist und man annimmt, dass Kontrolle das Unsichere sicherer machen könnte. Verständlich daher der weitverbreitete Wunsch, dass auch der Partner/die Partnerin wie eine (funktionierende) Waschmaschine oder ein (funktionierender) Videorekorder funktionieren sollten. Leider tun sie es ja nicht, sondern funktionieren unkontrollierbar und oft genug auch unberechenbar, etwas, was in grauer Vorzeit, am Beginn einer Paarbeziehung sogar einmal attraktiv war und gelegentlich sogar erotische Qualitäten hatte. Aber ein Partner/eine Partnerin ist nun mal nur schwer zu kontrollieren, die Beziehung selbst natürlich noch schwerer. Diese Idee der Kontrolle in Frage zu stellen und aufzugeben könnte eine der Funktionen von Paartherapeuten sein, denn mit dieser Idee ist meist viel Leid und Kummer verbunden.

Das heißt aber andererseits nicht, dass wir jeglichen Einfluss auf die Paarbeziehung und den Partner gleich mit aufgeben müssten. Meist gehen wir davon aus, den Partner und die Paarbeziehung (vielleicht doch noch) dorthin zu bringen oder bringen zu wollen/zu können, wo wir sie hin haben wollen oder denken. Der bescheidenere Ansatz der Einflussnahme kann aber darin bestehen zu analysieren, was man tut. Wie man also beeinflusst und vor allem das entstehen lässt, über das man sich dann wieder beklagen kann. Es kann also dann darum gehen von der Idee der Kontrolle und Erzeugung des Erfolges hin zum Einfluss und der Erzeugung des Misserfolges zu gehen. Dabei kann die Rolle des Paartherapeuten die der Assistenz bei der Untersuchung des Problems und der Erzeugung des Problems sein. Die entscheidenden Schlüsse aus dieser Untersuchung kann ohnehin nur das Paar und nicht der Paartherapeut ziehen.

Lässt sich Ihrer Meinung nach die erotische Lust üben? Das wird Partner von zahlreichen Therapeuten empfohlen. Schließlich müsse man alles andere, das Lust bereitet, wie Musizieren, Tanzen, Sport usw., auch üben.

Ich weiß nun nicht, ob hier meine eigenen neurotischen Anteile zutage treten oder ob ich da eine besondere Lernmacke habe, aber Üben und Übungen und Lust haben nun für mich wahrlich nur wenig miteinander zu tun. Im Gegenteil, beim Üben hört die Lust doch meistens auf. Etwas anderes und strikt davon zu trennen ist meines Erachtens allerdings die Frage nach den Bedingungen von Lust, auch erotischer Lust zu stellen.

Wenn Sexualität etwa die Bedeutung eines Beziehungstests hat, also ungeheuer bedeutungsgeladen ist, dann ist das sicher eine ungünstige Bedingung, um erotische Lust zu empfinden. Ebenso, wenn Sexualität zu einem Spielfeld der Austragung von Machtkämpfen geworden ist, oder wenn Sexualität zu einer

politisch korrekten Veranstaltung im herrschaftsfreien Diskurs
der Geschlechter unter Vollzug von verbalen Achtungs- und
Würdigungsritualen verkommen ist, dann sind das auch nicht
die günstigsten Bedingungen zur Erzeugung erotischer Lust.

Also auch hier ist wieder die Frage: Wie schafft man es,
erotische Unlust zu erzeugen beziehungsweise Sexualität zu
verhindern. Ein Weg dazu ist die Bedeutungsaufladung der
Sexualität, wobei umgekehrt natürlich auch die Bedeutungs-
losigkeit eine Lustvermeidungsstrategie sein kann, wenn Sex
nichts mehr bedeutet, bedeutet Sex auch keine Lust mehr.

*Ich meine, neue Entwicklungen im Bereich der Paartherapie
wahrzunehmen, vor allem in der systemischen Therapie. Allerdings bezeichnet sich beinah jeder zweite Therapeut als systemisch, da entsteht Verwirrung. Was ist für Sie das Spezifische
systemischer Paartherapie?*

Da sprechen Sie ein wichtiges Thema an. Es ist inzwischen
nicht mehr klar, was eigentlich systemisch bezeichnet. Diese
Bezeichnungsungenauigkeit ist in den letzten Jahren besonders dadurch verschärft worden, seitdem Herr Hellinger und
seine Aufstellerei sich ausgebreitet haben und dabei die Bezeichnung systemisch mitgeführt haben. Hier ist ganz unmiss-
verständlich festzustellen, dass das Adjektiv systemisch ein
Etikettenschwindel der Hellingeradepten ist, mit dem sie sich
den Namen einer seriösen und sorgfältig begründeten Thera-
pieform angeeignet haben, obwohl die systemische Therapie
und die Hellingeraufstellerei in großem Gegensatz, ja Widerspruch zueinander stehen.

In der systemischen Therapie, wie ich sie vertrete, ist die
Grundlage aller therapeutischen Handlungen eine gleichbe-
rechtigte Kommunikation zwischen Therapeut und Klient oder
Paar. Auf Augenhöhe. Der Klient wird von Beginn an in seiner
eigenen Sinngebung der Welt und seines Lebens ernst genom-

men, das heißt in seinem Weltbild, in seiner Krankheitstheorie und auch in seinem Bild von seiner Familie, von seiner Paarbeziehung, von deren Zukunft und Vergangenheit.

Dazu dienen therapeutische Strategien, die in der Einladung zur Metakommunikation und nicht in der Verweigerung derselben bestehen. Die Rolle des Therapeuten besteht in der systemischen Paartherapie darin, die Klienten zu einer Selbstreflexion ihrer eigenen Person und ihrer relevanten sozialen Umwelt einzuladen und dabei die eigenen autonomen Möglichkeiten der Beschreibung, Erklärung und Bewertung der eigenen Situation wieder zu entfalten und die oftmals abhanden gekommene Verantwortung für eigenes Verhalten wiederzuerlangen. Insofern ist die systemische Paartherapie zu verstehen als ein Emanzipationsprozess, in dem Paare wieder zu Autobiografen ihrer eigenen Geschichte werden können und die Möglichkeiten und Grenzen ihrer eigenen Handlungen nutzen. Dabei werden die Klienten als Personen gesehen, die alle Möglichkeiten und Lösungen bereit haben, das Paar ist also der Wissende und nicht der Therapeut, der durch irgendeine Art der besonderen Sehfähigkeit irgendetwas ans Licht bringen könnte oder über eine Art von Offenbarungswissen verfügt. Die Expertise des systemischen Therapeuten besteht in seinen kommunikativen Fertigkeiten und nicht in irgendeiner Art von Offenbarungswissen.

Ist es richtig zu sagen, dass ihr systemisches Therapiemodell auf Vorgaben und Entwicklungskonzepte verzichtet?

Wenn mit Vorgaben und Entwicklungskonzepten gemeint ist, dass der Paartherapeut vorgibt zu wissen, wie eine Paarbeziehung – gar eine gute – zu sein hat und auch zu wissen meint, wohin sich eine Paarbeziehung zu entwickeln habe beziehungsweise in Paartherapien zu entwickeln ist, dann kann man wohl eindeutig sagen, dass das von mir verwendete Therapiemodell auf solche Vorgaben und Entwicklungskonzepte verzichtet. Oder

anders formuliert: Ich weiß nicht, wie man ein richtiges oder
gar gutes Paarleben zu leben hat. Je mehr Paare ich sehe, umso
erstaunter bin ich oft, welche unterschiedlichen Organisations-
formen von Paarbeziehungen mit dem Leben vereinbar sind.
Ich komme dann einfach nicht umhin, mich bei meinen Klienten selbst zu erkundigen, welche Form sie selbst für erstrebens-
wert, lebenswert oder zumindest für lebbar halten. Etwas sehr
knapp ausgedrückt geht es mir darum zu wissen, wovon ich
meine Klienten wegbringen will, ohne dass ich wissen muss
oder weiß, wohin ich sie zu bringen habe. Ganz abgesehen
davon, dass ich weiß, wie ganz und gar unwahrscheinlich es ist,
jemanden dorthin zu bringen, wo man denkt, dass er richtig
aufgehoben ist, wenn er es denn selbst nicht will. Insofern
brauche ich also auch kein Entwicklungskonzept, das die therapeutische Richtung vorgibt.

*Sie sprechen von Liebe und Partnerschaft als unterschiedlichen
Sinnsystemen. Wird diese Unterscheidung in der systemischen
Therapie allgemein angestellt, oder ist sie von Ihnen getroffen?*

Meine Unterscheidung zwischen Liebesbeziehung und Partnerschaft ist eine, die in der Soziologie verbreiteter ist als unter
Paartherapeuten. Paartherapeuten waren wohl längere Zeit etwas geblendet oder abgelenkt dadurch, dass sie es mit zwei
Personen zu tun hatten und dann meinten, dass sie es mit einer
Paarbeziehung zu tun haben. Inzwischen, und das ist der Kern
meiner Unterscheidung, scheint man zu merken, dass eine Paarbeziehung lediglich die äußere (sinnfreie) Form für etwas ist,
was einer näheren Bestimmung bedarf. Diese Unterscheidung
ist dann nicht banal, sondern eröffnet einen unterscheidenden
Blick auf die unterschiedlichen Rollen, Regeln und logischen
Vorstellungen, die ein Paar haben kann, wenn es sich in einer
Liebesbeziehung oder in einer Partnerschaft befindet.
    Um ein einziges von vielen unterscheidenden Merkmalen

herauszugreifen: Die Idee, der Anspruch und der Aktionsimpuls der Gerechtigkeit ist eine Sinnkategorie, die nur in einer Partnerschaft Sinn macht und daher nur dort zählt. In einer Liebesbeziehung spielt dagegen Gerechtigkeit, Anspruch auf Gerechtigkeit und die Berechtigung der Einklage von Gerechtigkeit keine Rolle.

Liebespaare kommen nicht in Paartherapie, sondern im besten Falle (noch) Partnerschaften. Richtet nun der Paartherapeut, wie das auch unter systemischen Paartherapeuten (noch) weit verbreitet ist, sein Hauptaugenmerk auf Gerechtigkeit, gerechten Ausgleich, auch Verhandlungen über Gerechtigkeit, so argumentiert und handelt er konsistent innerhalb des Sinnsystems Partnerschaft. Er kann dann allerdings durch all diese Maßnahmen das Sinnsystem einer Liebesbeziehung aus den Augen verlieren. Dies scheint aber für Paare eine ungeheuer wichtigere Sinnkategorie zu sein als die Partnerschaft, selbst wenn sie funktioniert.

In den 30er-Jahren des 20. Jahrhunderts formulierte Denis de Rougemont in seinem berühmten kulturhistorischen Klassiker *Die Liebe und das Abendland* (Zürich 1986) seine eindeutig skeptische Wertung der Liebe: »Wenn unsere Kultur überstehen will, dann muss sie eine große Revolution durchmachen. Dann muss sie der Tatsache Anerkennung verschaffen, dass die Ehe, von der ihre soziale Struktur abhängt, schwerer wiegt als die Liebe, die sie kultiviert, dass die Ehe andere Fundamente braucht als ein schönes Fieber.«

60 Jahre später, 1997, kommt eine skandinavische Untersuchung von Thagaard[143] zu folgendem Ergebnis: Wenn die Liebe stark ist, dann ist die Ungleichheit in der Partnerschaft kein großes Problem mehr. Umgekehrt nützt eine gute Partnerschaft – nach den Kriterien der partnerschaftlichen Logik eine gerechte und vertragstreue Aufteilung von Rechte und Pflichten – wenig, wenn die Liebe defizitär ist, wenn also das »schöne Fieber« nicht mehr glüht. Zum gleichen Ergebnis kommt der

Familiensoziologe Günter Burkart,[144] dass nämlich Partnerschaft allein weder ausreicht, eine Paarbeziehung in Gang zu bringen noch sie aufrechtzuerhalten, ihr Dauer zu verleihen (...), dass Partnerschaft auch nicht ausreicht, den Alltag der Paarbeziehung zu regulieren.

So gibt es unterschiedliche Bewertungen dessen, was notwendiger für eine Paarbeziehung sei, das Sinnsystem Liebe oder das Sinnsystem Partnerschaft und was vielleicht sogar ganz ohne das andere auskäme oder auch inwieweit das eine Sinnsystem Lösungsoptionen für das problematisch gewordene andere Sinnsystem bereithalten könnte. Wahrscheinlich wird man – zumindest als Paartherapeut – letztlich nicht umhinkommen, die betroffenen Teilnehmer an einer Paarbeziehung selbst um Rat zu fragen beziehungsweise deren Wertung in Erfahrung zu bringen. Aber man wird auch nicht umhin kommen, bisher für fraglos nützlich erachtete Instrumente, wie etwa die Verhandlungen über einen gerechten Ausgleich und anderes, kritisch zu hinterfragen und damit Schlussfolgerungen für die paartherapeutische Methode und ihre theoretischen Konzepte zu ziehen. Das habe ich in meinem neuen Buch versucht zu tun.

EIN BEISPIELHAFTER DIALOG

Ich erhalte viele Anfragen von der Presse, Beziehungsthemen betreffend. Die meisten der Fragen beziehen sich auf die Gestaltbarkeit von Beziehungen. Das folgende Gespräch mit einer Journalistin kann als typisch für die Suche nach der »Machbarkeit« gesehen werden.

Herr Mary, wir schreiben einen Artikel über Seitensprünge von Frauen und wie Männer diese verhindern können. Können Sie unseren Lesern dazu Ratschläge geben?

Warum sollten sich Männer Gedanken darüber machen, wie sie die Seitensprünge ihrer Frauen verhindern können?

Damit ihnen solche schmerzlichen Erfahrungen erspart bleiben.

Solange eine Beziehung funktioniert, macht sich doch kein Mensch Gedanken über so etwas. Die Leute wollen dann lieben. Wie sollten sie das tun, wenn ihre Herzen vorauseilend von Sorgen und Ängsten erfüllt wären?

Aber es ist doch besser, sich auf solche Entwicklungen einzustellen und rechtzeitig etwas dagegen zu unternehmen, anstatt die Dinge auf sich zukommen zu lassen.

Da müsste man sich ja auf alles Mögliche einstellen, sogar auf den Tod des Partners. Außerdem vollziehen sich die in einer Beziehung für Seitensprünge maßgeblichen Entwicklungen lange Zeit unterhalb der Bewusstseinsschwelle. Die Partner können deshalb – weil sie nichts davon wissen – keine Auskunft darüber geben. Wie sollten sie da vorbeugend tätig werden können?

Indem sie öfter über ihre Beziehung sprechen, Beziehungsbilanzen ziehen und feststellen, ob alles stimmig miteinander ist.

So eine Art TÜV. Das Unstimmige ist aber nicht kommunizierbar, solange es unbewusst ist. Und wie stellen zwei fest, dass etwas unstimmig ist? Wie gelangt das Unstimmige ins Bewusstsein? In vielen Fällen erst durch einen Seitensprung oder durch andere Störungen. Durch Krisen eben.

Das klingt so unvermeidlich, so etwas wollen unsere Leser aber nicht lesen. Man muss doch etwas tun können.

Jeder tut doch von sich aus, was ihm möglich ist, um die Beziehung zu erhalten. Wenn das nicht reicht, gibt es Probleme, und
die werden dann gebraucht. Wozu sollte man vorbeugend ins
Blaue hinein tätig werden?

*Damit man nicht in solche Situationen gerät, damit man nicht
leidet.*

Sie wollen tatsächlich das Leid in Beziehungen abschaffen?
Wie sollten die Partner dann merken, dass ihre Beziehung sich
verändert hat und sie sich gegebenenfalls darauf einstellen
oder damit umgehen müssen?

*Dann sehen Sie in einem Seitensprung nicht bloß etwas Nega-
tives?*

Auf keinen Fall. Er weist darauf hin, dass zumindest einem
Partner in der Beziehung etwas fehlt. Bis zu dem Augenblick,
wo »es« passiert ist, hat er das vielleicht selbst nicht gewusst
oder wahrhaben wollen. Jetzt ist es klar, jetzt kommt es auf den
Tisch. Und dann stellt sich heraus, dass beide an der Entwicklung Anteil haben. Welchen, das könnten sie nun herausfinden.
Das ist doch spannend.

*Und schmerzlich. Wie sollen sie denn mit einem Seitensprung
dann umgehen?*

Wer?

Die beiden Partner.

Welche beiden Partner?

Na die, denen es passiert ist?

Eben. Das können nur die beiden Partner rausfinden, denen es
passiert ist. Das hängt von deren Fähigkeiten und Bereitschaft
ab. Welchen Sinn sollten da allgemeine Ratschläge machen?

*Na, zum Beispiel, ob man Seitensprünge für sich behält oder
beichtet.*

Bei manchen zerstört der gebeichtete Seitensprung die Beziehung, bei anderen belebt er sie.

Und was sind die Kriterien hierfür?

Die hängen wieder von den beiden konkreten Menschen ab.

Dann können Sie also nichts für unsere Leser tun?

Ich glaube nicht, dass Ihre Leser nicht begreifen wollen, dass
die Möglichkeiten der bewussten Beziehungsplanung begrenzt
sind.

Aber das will keiner lesen.

Sagen Sie!

*Da sind etliche Ihrer Kollegen aber anderer Meinung, was die
Möglichkeiten angeht, Beziehungen zu gestalten.*

Das wundert mich nicht. Manche Kollegen wollen Beziehungen
ja geradezu unter fachliche Aufsicht stellen.

[1] Erich H. Witte / Helga Wallschlag, *Die fünf Säulen der Liebe*, Freiburg 2000, S. 13.

[2] Eva Gesine Baur / Wilhelm Schmid-Bode, *Glück ist kein Zufall*, München 2000, S. 89.

[3] Siehe hierzu Michael Mary, *Die Glückslüge*, Bergisch Gladbach 2003.

[4] Philippe Ariès, »Liebe in der Ehe«, in: Philippe Ariès, Michel Foucault, u.a., *Die Masken des Begehrens und die Metamorphosen der Sinnlichkeit. Zur Geschichte der Sexualität im Abendland*, Frankfurt 1984.

[5] Ago Bürki-Fillenz in ihrem auf Audiokassette erhältlichen Vortrag: »Traumvorstellung Liebe«.

[6] John Gray, *Auseinander geliebt*, München 1998, S. 9.

[7] Michael L. Moeller, *Gelegenheit macht Liebe*, Reinbek 2000, S. 17ff.

[8] Hans Jellouschek, *Die Kunst als Paar zu leben*, Stuttgart 1992, S. 28.

[9] Eva Gesine Baur / Wilhelm Schmid-Bode, *Glück ist kein Zufall*, München 2000, S. 85.

[10] Claudia und David Arp, *Liebe ist kein Zufall*, Gießen 2003, S. 5.

[11] Michael Cöllen, Mathias Jung, Ulla Holm, *Liebe in Zeiten der Unverbindlichkeit*, Stuttgart 2002, S. 119.

[12] Michael L. Moeller, *Gelegenheit macht Liebe*, Reinbek 2000, S. 185.

[13] Ebenda, S. 172f.

[14] aus Hans Jellouschek, *Die Kunst als Paar zu leben*, Stuttgart 1992.

[15] aus John Gray, *Männer sind anders. Frauen auch*, München 1993.

[16] Erich H. Witte / Helga Wallschlag, *Die fünf Säulen der Liebe*, Freiburg 2000, S. 16.

[17] Michael Cöllen, Mathias Jung, Ulla Holm, *Liebe in Zeiten der Unverbindlichkeit*, Stuttgart 2002, S. 123.

[18] Michael L. Moeller, *Gelegenheit macht Liebe*, Reinbek 2000, S. 60.

[19] Ebenda, S. 26.

[20] Ebenda, S. 61.

[21] Interessanterweise schrieb Moeller nach der Trennung von seiner Frau das Buch *Liebe ist*

das Kind der Freiheit, während seine Frau Marina Gambaroff *Utopie der Treue* verfasste.

[22] Michael L. Moeller, *Gelegenheit macht Liebe*, Reinbek 2000, S. 27.

[23] Eva Jaeggi / Walter Hollstein, *Wenn Ehen älter werden*, München 2000, S. 305.

[24] Michael L. Moeller, *Gelegenheit macht Liebe*, Reinbek 2000, S. 131.

[25] Hans Jellouschek, *Die Kunst als Paar zu leben*, Stuttgart 1992, S. 68ff.

[26] Ebenda, S. 68.

[27] Ebenda, S. 72.

[28] Ebenda, S. 74.

[29] Eva Jaeggi / Walter Hollstein, *Wenn Ehen älter werden*, München 2000, S. 305.

[30] Arnold Retzer, *Systemische Paartherapie*, Stuttgart 2004, S. 34.

[31] Hans Jellouschek, *Die Kunst als Paar zu leben*, Stuttgart 1992, S. 85ff.

[32] Ebenda, S. 85.

[33] Ebenda, S. 30.

[34] Hans Jellouschek, *Wie Partnerschaft gelingt – Spielregeln der Liebe*, Freiburg 2001, S. 151.

[35] Michael L. Moeller, *Gelegenheit macht Liebe*, Reinbek 2000, S. 25.

[36] Claudia und David Arp, *Liebe ist kein Zufall*, Gießen 2003, S. 137.

[37] John Gray, *Auseinander geliebt*, München 1998, S. 70.

[38] Ulrich Clement, *Systemische Sexualtherapie*, Stuttgart 2004 (noch nicht gedruckt).

[39] Michael L. Moeller, *Gelegenheit macht Liebe*, Reinbek 2000, S. 23.

[40] Catherine Cardinal, *10 Gebote für glückliche Paare*, Freiburg 2003, S. 18.

[41] John Gray, *Auseinander geliebt*, München 1998, S. 192.

[42] Martina Roth in: Christoph Klotter (Hg.), *Liebesvorstellungen im 20. Jahrhundert*, Gießen 1999, S. 267.

[43] Arnold Retzer, *Systemische Paartherapie*, Stuttgart 2004, S. 54.

[44] Ebenda, S. 71.

[45] Michael Mary, *Schluss mit dem Beziehungskrampf*, München 2003.

[46] Michael L. Moeller, *Gelegenheit macht Liebe*, Hamburg 2000, S. 80.

[47] Arnold Lazarus, *Fallstricke der Liebe*, München 2000, S. 51.

[48] Hans Jellouschek, *Die Kunst als Paar zu leben*, Stuttgart 1992, S. 31ff.

[49] Ebenda, S. 34.

[50] Ebenda, S. 28.

[51] Ebenda, S. 74.

[52] Arnold Retzer in einem Interview mit Michael Mary, Februar 2004.

[53] Zitiert aus dem Informationsdienst des BdP, Artikel von Dieter Wrobel, September 2000.

[54] Eva Gesine Baur / Wilhelm

Schmid-Bode, *Glück ist kein Zufall*, München 2000, S. 93.

[55] Aus einem Vortrag von Gerhard Roth am 25.1.2000 im Niedersächsischen Landtag.

[56] Rosmarie Welter-Enderlin, *Paare – Leidenschaft und lange Weile*, München 1999, S. 53.

[57] Arnold Lazarus, *Fallstricke der Liebe*, München 2000, S. 55, 33.

[58] Ebenda, S. 9.

[59] Diese und die folgenden Aussagen zitiert aus der Homepage von Michael Cöllen und der Homepage der Paarsynthese, 13.2.2003.

[60] Michael Cöllen, Mathias Jung, Ulla Holm, *Liebe in Zeiten der Unverbindlichkeit*, Stuttgart 2002, S. 98.

[61] Zitiert aus einer Streitschrift von Michael Cöllen gegenüber Michael Mary, veröffentlicht auf der Homepage *www.beziehungsfallen.at* vom Februar 2003.

[62] Michael Cöllen 2003 in einem Internet-Beitrag zu meinem Buch *Fünf Lügen, die Liebe betreffend*.

[63] Otto Brink, *Spielregeln der Partnerschaft*, Freiburg 2001, S. 105.

[64] Gunthard Weber (Hg.), *Zweierlei Glück – die systemische Psychotherapie Bert Hellingers*, Heidelberg 1995, S. 101f.

[65] Ebenda, S. 112.

[66] Der Spiegel, Nr. 37/2003, S. 137.

[67] Catherine Cardinal, *10 Gebote für glückliche Paare*, Freiburg 2003, S. 41.

[68] Arnold Retzer in einem Interview mit Michael Mary, 2004.

[69] Siehe hierzu Michael Mary, *Die Glückslüge*, Bergisch Gladbach 2003.

[70] Nachtcafe vom 8. Juni 2001.

[71] Gunter Schmidt, »Sexualität und Kultur: Soziokultureller Wandel der Sexualität«, Vortrag an der Eidgenössischen Technischen Hochschule Zürich vom 3. April 2003.

[72] Focus, Nr. 43/2003.

[73] Gunter Schmidt in seinem Vortrag in Zürich am 3. April 2003 (siehe Anmerkung 71).

[74] Ebenda.

[75] Hartmut Esser im Focus, Nr. 10/2003.

[76] Nach einer Untersuchung des Psychologen Robert Bauerman, in: Der Spiegel, Nr. 39/2002.

[77] Wolfgang Schmidbauer, *Die heimliche Liebe*, Reinbek 2001, S. 67.

[78] In: Stern, 20.12.2000.

[79] Christoph Klotter (Hg.), *Liebesvorstellungen im 20. Jahrhundert*, Gießen 1999, S. 57.

[80] Es handelt sich um den Psychologen und Autoren Michael Cöllen.

[81] Zitiert aus einer Streitschrift von Michael Cöllen gegenü-

ber Michael Mary, veröffentlicht auf der homepage *www. beziehungsfallen.at* vom Februar 2003.

82 Ulrich Clement, *Systemische Sexualtherapie*, Abschnitt 1.4, Stuttgart 2004 (noch nicht gedruckt).

83 Zitiert aus Siegfried Brockert, *Positive Psychologie*, Stuttgart 2001, S. 141.

84 Ulrich Clement, *Systemische Sexualtherapie*, Stuttgart 2004 (noch nicht gedruckt).

85 Jeanne Lampl der Groot, Helene Deutsch, Marie Bonaparte, zitiert aus Marina Gambaroff, *Utopie der Treue*, Reinbek 1985, S. 76.

86 Michael Cöllen, Mathias Jung, Ulla Holm, *Liebe in Zeiten der Unverbindlichkeit*, Stuttgart 2002, S. 113.

87 Dirk Revenstorf und Elisabeth Freundenfeld, in: Psychotherapie im Dialog, Nr. 2/2000.

88 Arnold Retzer, *Systemische Paartherapie*, Stuttgart 2004, S. 33.

89 Hans Jellouschek, *Die Kunst als Paar zu leben*, Stuttgart 1992, S. 30.

90 Michael Cöllen, Mathias Jung, Ulla Holm, *Liebe in Zeiten der Unverbindlichkeit*, Stuttgart 2002, S. 119.

91 Stern TV vom 10.9.2003.

92 Siehe hierzu Philippe Ariès in: Philippe Ariès, Michel Foucault, u.a., *Die Masken des Begehrens und die Metamorphosen der Sinnlichkeit*, Frankfurt 1984.

93 Zitiert aus Jean-Louis-Flanderin, »Das Geschlechtsleben der Eheleute in der alten Gesellschaft«, in: Philippe Ariès, Michel Foucault, u.a., *Die Masken des Begehrens und die Metamorphosen der Sinnlichkeit*, Frankfurt 1984.

94 Siehe hierzu ausführlich Michael Mary, *5 Lügen, die Liebe betreffend*, Hamburg 2001.

95 Ebenda.

96 Arnold Retzer am 20.9.2003 in Heidelberg.

97 In: Christoph Klotter (Hg.), *Liebesvorstellungen des 20. Jahrhunderts*, Gießen 1999.

98 Eva Jaeggi / Walter Hollstein, *Wenn Ehen älter werden*, München 2000, S. 306.

99 Ebenda, S. 29.

100 Jürg Willi, in: Der Spiegel, Nr. 43/2000.

101 Michael L. Moeller, *Gelegenheit macht Liebe*, Reinbek 2000, S. 66.

102 Arnold Retzer, *Systemische Paartherapie*, Stuttgart 2004, S. 60.

103 Michael L. Moeller 1998, S. 10, zitiert aus Christoph Klotter (Hg.), *Liebesvorstellungen im 20. Jahrhundert*, Gießen 1999, S. 267.

104 Aus den Tagebüchern der Anaïs Nin, zitiert aus Eva Jaeggi / Walter Hollstein,

Wenn Ehen älter werden,
München 2000, S. 305.

[105] Arnold Retzer in einem
Interview mit Michael Mary,
2004.

[106] Arnold Lazarus, *Fallstricke der Liebe*, München 2000,
S. 173.

[107] Arnold Retzer gegenüber
Michael Mary, Februar 2004.

[108] Dirk Revenstorf und
Elisabeth Freundenfeld in:
Psychotherapie im Dialog,
Nr. 2/2000.

[109] Matthias Ochs/Rainer Orban,
Was heißt schon Ideal-familie?, Frankfurt 2002.

[110] Blaise Pascal, französischer
Philosoph, 1623-1662.

[111] Antonio R. Damasio, in:
Der Spiegel, Nr. 49/2003.

[112] Aus einem Beitrag von
Gerhard Roth, in: Süd-deutsche Zeitung, 11.04.2000.

[113] Ebenda.

[114] Michael Mary, *Die Glückslüge*, Bergisch
Gladbach 2003.

[115] Gerhard Roth am 25.1.2000
vor dem Niedersächsischen
Landtag.

[116] Erich H. Witte/Helga
Wallschlag, *Die fünf Säulen der Liebe*, Freiburg 2000,
S. 10.

[117] Claudia und David Arp, *Liebe ist kein Zufall*, Gießen 2003,
S. 157.

[118] Michael Cöllen, Mathias
Jung, Ulla Holm, *Liebe in Zeiten der Unverbindlich-keit*, Stuttgart 2002,
S. 123.

[119] Aus dem Observer, London,
vom 25.03.2001.

[120] Arnold Mindell, *Traumkörper in Beziehungen*, Basel 1994.

[121] Michael L. Moeller,
Gelegenheit macht Liebe,
Reinbek 2000, S. 131.

[122] Zitiert aus Eva Jaeggi/
Walter Hollstein, *Wenn Ehen älter werden*,
München 2000, S. 48.

[123] Peter Süß in: Die Welt,
5.5.2001.

[124] In: Der Spiegel, Nr. 52/2002.
Es handelt sich bei
dem Mönch um Anselm
Forster.

[125] Michael L. Moeller,
Gelegenheit macht Liebe,
Reinbek 2000, S. 131.

[126] Ulrich Clement, *Systemische Sexualtherapie*, Stuttgart
2004 (noch nicht gedruckt).

[127] Arnold Retzer in seinem
Vortrag am 20.9.2003
in Heidelberg.

[128] Ulrich Stock in: Die Zeit,
Nr. 44/2003.

[129] Arnold Mindell, *Traumkörper in Beziehungen*, Basel 1994,
S. 113.

[130] Eva Jaeggi/Walter
Hollstein, *Wenn Ehen älter werden*, München 2000,
S. 309.

[131] Michael Cöllen, Mathias
Jung, Ulla Holm, *Liebe in Zeiten der Unverbindlich-keit*, Stuttgart 2002,
S. 101.

[132] Ulrich Clement, *Systemische Sexualtherapie*, Stuttgart
2004 (noch nicht gedruckt).

[133] Susanne Gaschke in: Die Zeit, Nr. 1/1999.

[134] Michael Cöllen, Mathias Jung, Ulla Holm, *Liebe in Zeiten der Unverbindlichkeit*, Stuttgart 2002, S. 123 und S. 69ff.

[135] Arnold Retzer in einem Interview mit Michael Mary, Februar 2004.

[136] Gunter Schmidt in seinem Vortrag in Zürich am 3. April 2003 (siehe Anmerkung 71).

[137] Zitiert aus einer Untersuchung der Uni Hamburg, »Beziehungsbiographien im Wandel« (Schmidt, Starke, Matthiesen, Dekker 2003), *www.beziehungsbiographien.de*.

[138] Carola Meier-Seethaler in einem Vortrag in Zürich am 15. 11. 2003.

[139] Carola Meier-Seethaler, *Ursprünge und Befreiungen*, Frankfurt 1992, S. 104.

[140] Ebenda.

[141] Eva Jaeggi im Nachtcafe vom September 2003.

[142] Beide Bücher bei Klett-Cotta. Siehe auch: *www.arnretzer.de*.

[143] T. Thagaard, »Gender, power, and love. A study of interaction between spouses«, in: Acta Sociologica 40, 1997, S. 357-376.

[144] Günter Burkart, »Arbeit und Liebe«, in: K. Hahn und G. Burkart (Hg.), *Grenzen und Grenzüberschreitungen der Liebe*, Opladen 2000.

Scheitern macht glücklich – denn es ist die Voraussetzung für Veränderung. Ohne Krisen und Probleme kommen wir nicht weiter.

Michael Mary
DAS LEBEN LÄSST FRAGEN ,
WO DU BLEIBST
Wer etwas ändern will
braucht ein Problem
Sachbuch
256 Seiten
ISBN 978-3-404-60585-9

Wer sein Glück einzig mit simplen Erfolgsrezepten und »goldenen Tipps« sucht, befindet sich auf dem Holzweg. Michael Mary erklärt dagegen das Leben, wie es wirklich ist: als eine Geschichte fortwährenden Scheiterns. Nur weil wir immer wieder aufs Neue Niederlagen einstecken müssen und zur Bewältigung von Krisen gezwungen werden, empfinden wir unser Leben als wertvoll und lebenswert.Mit diesem Buch kann die nächste persönliche, partnerschaftliche oder soziale Krise kommen.

Bastei Lübbe Taschenbuch

*Öfter mal was Neues oder Angst
vor Veränderung?*

Michael Mary
CHANGE
LUST AUF VERÄNDERUNG
Sachbuch
160 Seiten
ISBN 978-3-404-60539-X

Menschen sehnen sich nach Veränderung und fürchten sich zugleich davor. Doch Wandel geschieht ständig – unabhängig davon, ob er gesucht wird oder nicht. Und er kündigt sich an. Durch körperlich spürbare, emotional fühlbare oder in Träumen sichtbare Impulse. Sie sind die verborgene Lust eines Menschen. Wenn man lernt, diese Anzeichen zu erkennen, besteht die Chance, den Wandel zu unterstützen, sodass er sich nicht gegen den Willen des Menschen durchsetzen muss. Denn der Lust Raum zu geben erweitert das Leben. Das Buch führt zu einem tiefen Verständnis von Wandlungsprozessen und macht verborgene Wünsche für den Einzelnen erkennbar.

Bastei Lübbe Taschenbuch

Was ist der Sinn des Lebens? Ihr Sinn ...

Michael Mary
LEBE DEINE TRÄUME
Sachbuch
160 Seiten
ISBN 978-3-404-60561-3

Jeder Mensch in unserem Kulturkreis ist permanent damit beschäftigt, etwas zu erreichen. Und das Leben bietet scheinbar eine Fülle von Möglichkeiten. Man kann reich werden, zum Mond fliegen oder den Nobelpreis gewinnen, kein Auto besitzen oder gleich mehrere, in Familien leben oder im Kloster, Präsident werden oder Bauer, auswandern oder in der Stadt wohnen. Doch wen macht was glücklich? Wie kann ein Mensch seinen Lebenssinn finden, und wie kann er ihn verwirklichen? Michael Marys Buch ist aus der Begleitung von Menschen entstanden und bietet praktische Orientierung. Denn jeder kann seinen Lebenssinn finden, indem er seine eigenen Lebensträume entdeckt. Und lebt ...

Bastei Lübbe Taschenbuch